二十世纪
名人自述
／系列／

荣德生自述

荣德生 著　文明国 编

时代出版传媒股份有限公司
安徽文艺出版社

图书在版编目（CIP）数据

荣德生自述/荣德生著；文明国编.—合肥：安徽文艺
出版社，2014.1
（二十世纪名人自述系列）
ISBN 978-7-5396-4140-9

Ⅰ.①荣… Ⅱ.①荣… ②文… Ⅲ.①荣德生（1895～1952）
—自传 Ⅳ.①K825.38

中国版本图书馆CIP数据核字(2013)第316763号

出 版 人：朱寒冬　　　责任编辑：宋潇婧　李　芳
特约编辑：韩美玲　　　封面设计：汪耍军

....

出版发行　时代出版传媒股份有限公司　www.press-mart.com
　　　　　安徽文艺出版社　www.awpub.com
地　　址：合肥市翡翠路1118号　邮政编码：230071
营 销 部：(0551)63533889
印　　制：北京鑫瑞兴印刷有限公司 （010）69826058

....

开本：710×1000 1/16　印张：20　字数：200千字
版次：2014年3月第1版　2014年3月第1次印刷
定价：40.00元

....

目 录

第一编　乐农自订行年纪事

目
录

目

录

第三编　追述与回忆

第四编　家传与遗嘱

第五编　经济与社会建设

荣德生

自述

第 一 编

乐农自订行年纪事

乐农自订行年纪事

（一八七五年至一九三四年）

　　吾家自始迁祖水濂公择寿地莲花山，即移居于山之下，生三子，长居上，次居中，三居下，即称下荣。在余家旧宅后，由二十五世祖庭芳公改建楼屋，武初公即分得，宏山公至锡畴公，传至先父熙泰公，乃时只分得中造旧屋二间，与祖母袁氏务农经商。母石氏生二子，兄宗锦，次即余，生于光绪元年七月初四日辰时，是日天朗气清，家家正在早餐。时则世乱初定，人心和平，故皆安居乐业也。

光绪元年（公元一八七五年）　乙亥　一岁

光绪二年（公元一八七六年）　丙子　二岁

光绪三年（公元一八七七年）　丁丑　三岁
　　理应学话，而不言语，祖母、父母均恐如哑子，细看有小舌，知不哑。祖母力言：将来必是大器晚成。

光绪四年（公元一八七八年） 戊寅 四岁

春初能学话，甚少开口。祖母每携至邻家游，至今尚能略记人名。

光绪五年（公元一八七九年） 己卯 五岁

大妹生，后适项。

是年，兄从殷省甫启蒙，实由春泉二先生代教也。余则每日由祖母携往念佛，听邻近人说农桑养蚕并将田改种等事。

至八月中秋，祖母往大王庙烧斗香，午后送点心至，将晚，见各人纷纷将香斗尽投大炉中，携香篮而归，祖母颇气闷，因人谣说是邪教，为此中止。因而祖母遂患痼疾，父母朝夜侍疾，请医服药，并买小冬瓜煨熟吃水，多方调治无效，延至十月初三辰时去世，十三回出，坟在郑巷新圩，父亲所觅得也。请章仲山之子用事，亥山己向兼乾巽。章君云："此地颇佳，廿年即大效。"开土色黄如赭，祖母之棺，正在黄沙中也。用后三四年，家中果稍见顺遂，卒如章先生廿年之言，先严信风鉴尤诚。

光绪六年（公元一八八〇年） 庚辰 六岁

祖母故后，家中乏照料，春间养蚕等事尤忙。外祖母戈太夫人，家在山北石巷，往来不易，母亲遂接至家中常住，于外孙甚爱护。时兄日日上学，余则无事。外祖母尝言，山北小儿五六岁即要学小事，压压厌。下半年，即教我学扎黄钱，每万值钱一百廿文。邻家小儿因而共来学做者二三人。钱桥男女做者甚多，荣巷则少见。

光绪七年（公元一八八一年） 辛巳　七岁

闲空无事，解厌一如上年，亦不出门。但见母亲每日摇棉花、织布，从早至夜不歇。晚上，兄弟同在一处，听外祖母与母亲述洪、杨逃难时身经一切，形形色色，听之不倦，至今不忘。

秋，小病。

光绪八年（公元一八八二年） 壬午　八岁

本应上学，因少说话，邻里都言"二木头如何上学"，父亲信之，且缓至明年。每日仍做扎黄钱工作，母亲差唤家事，一一均做，上街买物均不错。

九月，父亲由浙江乌镇回家，见余稍好，必须识字，买方块字三百教之。初以五字"天、地、君、亲、师"念几遍，即能背诵；再换五字"父、母、伯、叔、兄"，仍几遍即背。如此，父亲试准此儿不木，可教。一月余，三百字皆能背。有一晚，教背九九数，一一如一，一二如二，至九九八十一，均能背熟。父亲甚喜，安慰母亲，谓此儿明年决可上学。

父亲赴乌镇，明年正月回来。

兄读已数年，曾读过《百家姓》，传习之，朗朗上口，十余日而毕。再教《千字文》，过半。如此，兄弟二人每夜以念书为事，即从族伯云章先生，因在东邻也。

光绪九年（公元一八八三年） 癸未　九岁

正月十九开学，即到先生处拜孔夫子、拜先生毕，先生闻曾念方块字三百，谓"拿来理念"，尚识不错。理毕，已届二月后，初读《千家诗》。是月,父亲回来,月半二妹生,后适尤氏,现存,颇能作家。

有提督军门王青山,在浙江太湖水师差,调广东省河水师差,将家眷搬锡,住小三里桥西。父亲携余去拜见,并见朱太太,即姑丈曹竹村之胞姊,乱时失散,得亲戚收留,长大配与王光耀,时在郭嵩林部下,职都司。后随曾国荃克南京,保至此职,并巴图鲁衔。为人富有力,号称"千斤"。三月往广东,父亲与朱君(即姑丈之胞兄)先去,租屋桂香街丹桂里,军门即往接差。秋间,全眷随去,后调三水河口十余年,至廿四年补韶关镇台。

竹村姑丈在曹三房冶坊任事,长于刻字,香炉等翻砂字均他过手,与姑母住江阴巷陶谦益内王姓屋。如此,不时与兄同去至城。

本年所读,有《大学》《中庸》《学而》。十二月廿日放学,在家帮助杂务,晚间兄弟同念书,习以为常。

光绪十年(公元一八八四年) 甲申 十岁

正月二十开学,由《学而》读完,接《公冶长》《子罕》、《子路》《阳货》。

是年中法之战,张佩纶为钦差,与法交战于马江。族叔祖俊业,号履吉,以县丞差支应,在船政局,为张公世交,即委为掌印,兼一切重要公文令箭。是役战败,据实未败,不善报告耳。张公拿问进京,临行荐族叔祖至粤督张之洞处,当即延见,询当日情形,颇器重,即委营务处,接差站班都大员。一佐职而当此大差,颇不自安,面请改差为折奏,两院兼之,甚红，府班同乡均与往还。

有要员往潮州，军门派兵差船送之。船管带与父亲言："荣师爷闲否？船往潮州，可去游玩，一二日即回。"允之，到船，杨姓某员亦到船，船主即引与言："军门派师爷陪去。"乃两面人情也。途中谈："荣姓多旗人，阁下何处人？"答："江苏。"彼安徽，为大同乡。"督署荣俊业是何人？""是族叔。""何时到此？尚未见过，但知其有差在闽。"答云："张荐，调粤不久。住丹桂里，不知同里也。"船去即回，往见族叔，甚洽，路近不时往来。

朱仲甫廿四岁以知府到省，是年四十，未得过差。时与族叔祖以同乡之谊往还，因而得到一差，地名磨刀口，厘差。差甚小，不便多用人，随向族叔祖请推荐一二人。答以来省未久，无相当可荐。然再三说之，即以父亲对，征父亲同意，答以军门相待。朱太太人情难辞，推荐妹倩曹竹村，现在锡，待来即荐。朱公不日接差，无人暂去帮理，允之。一面告明军门，一面信至无锡，来去数月。竹村之父亲因老店事多，不允长子出远。待商允，已数月，至粤何止半年。正待调回，朱太太见薪俸已大，未果。

是年十二月廿日放学，在家助理过年，兄弟至晚念书，已学抄书。

光绪十一年（公元一八八五年） 乙酉 十一岁

正月开学，读《阳货》、《梁惠王》、《公孙丑》、《滕文公》、《离娄》，每日读书写字。

是年，父亲已接磨刀口厘金馆事，修金卅一两八钱。后知

第一编 乐农自订行年纪事

姑丈结束经手，即于夏初抵粤王军门处，朱太太留住他处。即告父亲，转呈总办，竹村已到省，请来接替云云。太尊谓局中缺人，留父亲，并请姑丈同来办事。姑丈即至局，薪俸亦同，诸人无积习，公事甚起色。至年，全省比较，磨刀口最优，即奉文委大差一次，期满即调三水河口厘金大差，比较十八万两，为省内第一。

是年终放学后，在家每夜念书，兄加抄书、算等事，渐有进步。

光绪十二年（公元一八八六年） 丙戌 十二岁

正月开学，接读《离娄》、《万章》、《告子》、《尽心》。是年读完《孟子》，亦常抄书。

初夏，父亲托陆家石桥旧友（忘其姓名），荐兄至南市铁锚厂学商，即出学堂赴申。至深秋，起伤寒病。母亲得信后，即邀姑母回家商量。往申看病，见颇沉重，雇船回家。路过望亭，稍转机，抵家延医调治。愈后，头发尽落，如光头。明年生出辫子极小，人皆以"小辫子"呼之。

本年春，父亲来信，已在三水河口厘金就馆，薪金仍旧，姑丈同去。诸人办事尽心，无恶习，公事蒸蒸日上，比昔起色。是年共收廿二万两，考成仍全省第一，奉文连差一次。

是年放学，仍兄弟念书。兄病愈在家，不到铁锚厂去矣。

光绪十三年（公元一八八七年） 丁亥 十三岁

开学，读《幼学须知》，颇有兴致。旧学生日少，小学生日进，先生时时出外行医，点好书，即命代教，每日有二三人，自读廿余行，甚省事。专做手工，台中一切刀钻全备，性所好也。

本年三月，兄去申学钱庄，在永安街源豫，店主卫姓，本城人。余一人在家，仍抄书写字，助母家事、农事、蚕桑、种菜，一切为之。

父亲来信，仍馆三水，公事顺适，总办为上游器重，年终考成仍第一，奉文委繁缺知府一次，差满调省，候放缺。父亲代卜，必在二月某日，缺在西，或如肇庆。后挂牌，果得该府，赴任与日亦准，父亲派为总账，高要县杨怡庆每日到府云云，此十四年事。

本年放学，仍如往昔，年终各事独做。

光绪十四年（公元一八八八年）戊子 十四岁

开学，《诗经》颇难读，不如《幼学》之易解、易背。惟代教每日仍然，自己写字稍清润，兼学写信，毫无头绪。

兄在店，有信，尚好。余去信代觅学业，惟父亲无命学业之意，因《命书》载四十五岁有子入泮。连年无暇回家，俟肇庆卸事后，必回家，因出门已久矣。而二月接事，必在明年，方可计时也。

太尊接印，名誉尚好。相传府有三怪事：一不开正中门；二不能取书房前端石，当日包文正公办差开出，贡余砌在该处，人人不能私取也；三有一大树，不能修枝。开正中门，全府必出大祸，此父亲目见，端石无少缺。

是年起，奉命开端溪，取砚石，归府经办，款项一切，都由账房经手。父亲亦到坑去看采法，在河底山脚有数洞，在东及西者最佳，中洞普通，出石最多。每出一石，称见分量，命砚匠琢成方圆，刻花配匣，佳者明年贡入北京，十六年皇上大婚所应用也，人人不能私取。办完，私人各买若干，每石在二两几钱，亦算贵；琢工亦昂，佳者每只七八元，次者每只一二元；匣如公家，买老红木、紫檀为之，不能私用。太尊买十余方，父亲买大西洞石十余斤，琢成二砚，尝言"宜宝之"。余在宅中建"二砚斋"，并请人记之，适遇开坑，不易也。

年终，《诗经》读毕，抄书亦完，意欲学业，略作预备，家事一一照常。

光绪十五年（公元一八八九年）己丑 十五岁

开学，即读《易经》。塾中算余年长，所读诸书亦多，推为大学生。代教如前，日有数人。自己写字、抄书、弄手工，更为繁杂。先生亦不过问，读书实无进步。

兄有信，本年有同业新开，或可荐成学业，信一到，即要来，不然被人荐去。母亲已将被铺备齐。

父亲仍在肇庆。秋间端坑结束，端砚进贡数十箱，王公大老均有，外任督抚亦同。余下不整齐边皮角落，听工匠自琢出售，佳者甚少。

八月初十边，接兄信，荐成永安街通顺钱庄，方姓所开，徐君为经手。是时，正放中秋学，十二三看戏，十五晚有信船开，船主族人细阿胖。于是，将一切书本、工作物，均收拾结束，辞别亲戚，向学业上着想。晚上船，连夜开行，明晨至苏州，在阊门随诸人上岸，穿城走，直至下牵埠头上船，晚至昆山。十七至周太王庙，十八晨过锡金公所码头，沿河尽是荒田，一路有人上岸，余不识路径，直开至南码头，诸人均走开，小胖官自己送我到兄处，即住在彼处。

择定廿四日进店，见店中先生，一徐锡璋，本地人；又一窦晓山，南京人。学生已有一人，名潘其萃，浦东人；后又来一学生，名杨祥生，引翔港人。三人轮流做学生职务。十月跑马，其萃约我同去看，三点后一同走。看毕一次，彼即先走，云有他事去。我再看一次即回，路不熟走错，不肯问讯，连转二三次，然后问路到店，已上灯火。徐先生等均在，即厉声问："你哪里去的？"云："与潘世兄同看跑马。"徐云："店中如均去，岂非要请巡捕看门乎！以后切勿自行出外。"当时一无回答，自知不肯问讯之误时也。

数日后，窦先生云："学业三年极快，学生要学点本事，将来可做先生。若不学着点，反说先生无本事。"答云："如何学法？请先生教之。"先生颇喜，即云："算法学过否？"答云："小九九数学过。""打打试试看。"即试，一看还不错。"归除会否？"答云："未曾学过。"当晚即教一归一除，不二遍即会，云："尚可教。"明日起，每日二归，四十一天学会八十一归。后教除法、乘法、飞归法、开方、积算、推钱，以积算计之尚准。

匆匆已到除夕，大排门外要贴庄名新纸，对门姓大王君可写行单，即往请写。王君忙极，连走几次，尚未写出。心急早些贴好，可是后来拿到已晚矣。自此思求人不如求己，明年庄招牌必要我写，预备学字矣。

年底，先生付我压岁钱两元，买鞋、袜、帽子，用去一元余，尚余几角，常在袋中。每月有月规钱二百文，足以应用也。

光绪十六年（公元一八九〇年） 庚寅 十六岁

正月，买黄自元《九成宫》学字，并看沪报，有图说，易于明白。

三月中，得家信，已攀亲，钱巷丁伯衡公第五女。时有苏州人汪琴斋，见余品貌，即云此生佳，日后必成大事业，托窦君做媒，并写信无锡，不料已定亲，中止。此君能诗、书、画，送我山水折扇一把，可感。

张元兴，亦锡人开。有司账邓君，南门人，时来相叙，彼见我目带近视，将来吃亏，可以学为远光，教我每日早晨望远处青绿色；如无青绿色，即望对面屋上瓦，至看得清楚为进步。后果行行清楚，并至数得清为止。约半年，近视愈矣。

父亲来信，已告假回家。信未至，已到申，住名利栈，在法大马路东首，即去见面，禀一切离家数年事，末说学业，及到申学业，习庄内应分之事，并及书算，将书字呈阅。父亲欣慰，云："勿必学商，可一同回去读书。余《命书》四十五岁有子入泮，照汝情形，可读也。"当云："刻已学商，回去读不成，被人窃笑，不如学商，当留心，亦可上进。"父谓："亦好。"父亲即回锡数月，至深秋回粤。

是后，学业认真，一一勤慎，记账、看银等事，略有进步。至年，庄招牌即是我写，并代人写小春联数副。

本年，店中年结略有余，并无分红，学生每人得压岁钱三元。徐先生另有他就，嫌所入薄也。方君欲与朱姓合股，朱云："先来试试亦可。"明年徐去朱来，其余如前。

是时，履吉叔祖已调山东，张之洞调两湖，李瀚章督两粤。

光绪十七年（公元一八九一年）辛卯 十七岁

朱春和，本城老北门内人，年五十余岁，曾在南市彤成为跑街，与富商朱荣堂为从兄弟，于门兑钱庄为外行，不愿合资，方君再三商挽，暂为经理，对学生极客气，对往来稍注意。差余出外跑，收钱、收银，入批水，南北公估，因此，对批水颇得经验，稍有把握。算写记账，出票格式，得益于此。

秋间，姑母过沪赴粤，因姑丈出去几年，无暇回来，催去内助，家中人少，走不开，迟迟至此，姑丈已纳妾，所以急去。军门已调河口，租屋极省，朱家姑母接近也。

秋深，朱先生遇到苏州木渎某，以荐学生为名，屡次往来，岂知倒脱靴之流，骗去数百元，颇悔恨，我等得到经历。

本年，店中生意略忙，年中有薄余。学生添一经姓，名锡畴，惟不肯多做事。记账、结账，一切由余所理。二位先生，三个学生，意谓乐得惬意。其实，余之一生事业，得力在此时。每日收入支出，一望而知。一年营业，稍有成见。后做广生，即此办法。

年底，送我压岁钱四元，以此买鞋、袜、帽子，尚有余。每月月规仍然足用，早晨吃粥不饱，不时更买粢饭团三文，或二人五文。庄招单仍是我写，因平日至晚不辍也。学生推余领袖，先生亦无闲言，但闻俱评此生学得出。

是年秋间，兄已学满，转入森泰蓉为先生，专理无锡、江阴、宜兴汇兑。

父亲又馆三水河口，朱仲甫二次到差，本连一年，后调芦苞一年，又北海盐厘，父亲均同往。

光绪十八年（公元一八九二年） 壬辰 十八岁

是时，每日照常学业，更加努力，全店各事均学之。银洋账目，结账月盘，皆学理。朱先生每日出外，内事毋劳顾矣，每与友言，此生可做事，惜小钱庄无由发展。

接父亲信，已调往后沥厘务。

春末，店中被贼挖洞，偷去三百余元。贼由巡捕捉到，枷号门口，尚言："得此区区，而被捉到，犯罪真不合算。"族人荣子文、葆泰、石轩等均见。子文兄每月必见一二次，和蔼可亲，问问大略，路过张元兴晤族人也。

兄在森泰蓉，时生意颇忙，汇兑不少。

是年乡试，仲甫之弟季新过沪，试后未中回粤。子文兄与兄及余，请于德源馆送行，讲讲商情，颇合彼意。到粤与父亲见时，承赞许二子学商情形。朱世丈即云："可招一人来。"云："大子有业不能走，次子学业已满，容便带来可也。"不过缓和语，当云："不及，去电招来，可以帮理账房，令彼学学。"乃时十月初接电，即来粤就事。正欢喜已可赴粤做事，到各族人往来处及同事、执事、朱先生等，皆知去粤，不料接到详示，云："切不可来，粤厘务非少年商人可做，往来不便，独身不合，带眷更不上算。年底父回申，另想别业。去电因太尊面说，以此示为准。因尔志尚佳，宜求实事也，先有禀上。"八月底满三年，学业已毕，如在原店，出俸微末，如何更调，请父亲托友。因知周舜卿等，皆当年同学友也，并有"少年宜竭力做事，方得老来丰衣"，此语父亲颇嘉纳。

明年，兄结婚，父亲云回里，何时未定。余出外三年余，决定先回家，于十二月初一乘小胖官船，是夜开行，明日早晨至昆山，大河全冻，积船数百号。是年天气之冷，为数十年所未有，冰厚三四寸。至十一日，东南风大作，一路顺风，晚间抵家，母亲一见颇喜，见身材已长，非三年前之孩气矣。各处亲族，均往问候，不觉十余天。父亲与兄均回家，盛赞月泉兄，因同船而知，由台湾电报局调镇江。斯时初次晤面，相叙之余，与普通商人不同，过年后即数年未见，因各自出门也。

光绪十九年（公元一八九三年） 癸巳 十九岁

正月十一，兄娶亲，嫂陈氏来归。

各事匆匆，父亲与我先回申，住泰安栈。斯时晤到沈淇泉进士，明年补殿试点翰林，往来都颂为人才。

朱世丈有妾在沪，来信顺便带之回粤，妾名花月舫，本花月中人。候其料理屑事，即坐广利轮。二月半开，十八过汕头，上岸游览，天热与上海不同。买潮扇、夏布，橘子十文六只，每斤十四文，扇子二三角，牙柄细极，彼时物价至贱。十九到香港，初见之，如到外国，满山灯火，可观者惟三条马路，名上环、中环、下环，已有上山吊车。公园以西，一片荒山，对面九龙，人亦极少，只划船来往。夜间出外，必执灯笼，路不拾遗。当晚即开，明廿一晨，抵省城沙面招商码头下驳，即至靖海门香港鸿安分栈，住一日，有河口解饷船来，廿二开，即抵三水河口，见姑丈、姑母、王军门、朱姑母诸人。

明日见朱世丈仲甫，即出派事单，派在帮账房。即见账房程赞甫，苏州人，粤省候补府经历，为人和悦，派余为按号录底、收入、结数、存库单等事。闲下仍学字、看尺牍。父亲云：

"宜看曾文正家书，后看曾公大事纪。"是时荔枝甚佳，每日买吃，或人送我。发出痔疮，数十年来未愈。

河口为外省大差，每日收入六七百两，十天一解。各委员每月薪卅一两八钱，总办一百两，会办知县班每月一百元，其余职员十余元不等，余则每月廿元，加饭费二元，其实伙食归局中所开也。一学生忽就此职，心中甚快，如此做去，不难做官。同事及外人来往，均称师爷，商人眼光，看之颇觉好笑。

七月，广东乡试，正副考官到省，正为南京人顾璜，副为苏州人吴郁生。吴知程赞甫在河口，即亟招为内账房，即将河口账席托余代理，并不请代，以省费用。明知可以代理，并向朱世丈说明可靠，即告假而去。余即小心翼翼，收入解出，每旬旬结，每月月结，报告尚无贻误。至九月出榜，康有为第八名，即吴所取。送对请客、收入程仪等颇忙，买去端砚数箱，为送京官之预备。回京复命，程君亦回局。代劳数月，送我吴对一副、实监生照一张，实不敢受，亦不能却，送还捐费，后为捐官之基本。

是年，父亲四十五岁，《命书》载子入泮池，纳一监，即算验矣。

同乡人同事者，侯晋三、邹姓、廖姓、周姓，苏州、太仓均有，委员各省均有，兼有升官者，年轻办事只余一人。后有杭州人某，年十八，为太仓胡也松之婿，就亲来也。是年，收数长，留办一年。

光绪二十年（公元一八九四年） 甲午 廿岁

父亲接办三水差已三次，总办心信。三江来去商船人氏，遇困难，恳为转请解厄，名誉颇利人口。各分局遇有讦告，时去查理，秉公处之。所以朱世丈遇事询问，商民悦服，连差之久所由来也。

斯时总督李瀚章，善后局多苏人，信息灵通，招呼亦有，办事率真，收数不减。

是年，恩科会试，会元邑人陶世凤，状元南通张謇，江衡、沈卫均成翰林。粤中遇会场，公然买闱姓颇盛。

四月，中日因高丽釜山之争，闹成战事，清军节节败退至奉天。李鸿章至日请和，议成赔款两万万两，三年还清。国中好气象，至此一变。是时，"公车上书"，领衔康有为，是科中进士，士人目为新派。次年，由英、法、美、俄出任调解，将台湾割让，换回奉天半省，贴银三千万两。后来，四国各予酬谢，又起纠纷，酿成日俄之战。

夏间得家信，母亲为余决定，十二月廿四完婚，可做准备回家。在局每日看书写字，学写信，并时请业文字于台州贡生黄君，从朱一新太史学也。然读书不多，根底薄，得益无多。心存捐官，尝看政书、官阶升转等书。阅《纲鉴易知录》，对诗韵无进境。写信重实言，因看曾文正家书故也。

本年，土产丰富，夏、秋收数甚旺，月月逾额。

九月底，已知有连差希望。至十月，知再连差一年，为三年，甚少见。至十一月，预备回锡，同事有送礼者。

十二月初，动身到省，住靖海门鸿安栈，候招商局船来。初八上船，十二到申，住泰安栈。至南市望兄，但见门已闭，问看门者，云："号已倒闭，因战事天津货失利颇巨，无法维持，所有先生均已回去。"即乘信船回家。

不数日，吉期已届，颇热闹，前三朝至廿五，天天请客。

家中上年已建新屋,新房在新屋之中,尚整齐。戌时,花轿抵门,大放爆竹,约有半时之久,锡人未见过。参拜天地老式,非今日之简单。次日庙见团圆后,做女婿稍晚,约在七时。见礼已毕,坐席,而陪者嫌晚,风闻微议。岳母则甚喜,见女婿非乡人气概,亦识人,知必佳婿也。

喜事了,有族人藉前售产鱼池贴绝,似觉恶习,得族人劝,出钱而去。

是年,广植桑。兄因号闭无事,俟号事了,方去申。

光绪廿一年(公元一八九五年) 乙未 廿一岁

正月,至岳家拜年,以侄荣芳作陪,口齿尚清。

正月底辞行,二月初随父亲往申。父亲拍照带粤,送给姑母。二月初八,坐招商局富顺轮去粤,在香港上岸,去见族人铭三之父,在唐晋记坐庄,陪往各处游览一周。到省,仍住原处,坐小轮回总局。姑母等均见过,局中如常,仍在帮账。程君已有府经历署缺希望,不久署广府经历,账房事未辞,乐得拿薪水也。

四月中,有旧同事全君,彼为委员办事官,后调广西边防苏元春督办部下。是年,值三年有保举,所以乐去。有信托我代办白蜡杆五百枝,作枪用。即函申友代办,转河口,到广西交清。后全君问我开履历三代,我不知何事,后保送外奖六品军功。

此时,专看《大事记》、《大清民刑律》、《洗冤录》、《秋水轩尺牍》,无进境。

是时,姑丈已捐巡检到省。姑母及朱家姑母均设法命我亦捐从九，需款二百余，而告明父亲，说年轻人终要有点小功名，希望升阶，若做师爷，无大生色。父亲回戒不可，小官得资不正，不堪供父母，大官无本事做，如得七品以上之官，亦好，甚不容易，因七品正印，即是知县。既无本事，亦不易得也，即中止。以后报捐，由州判起，加布经历衔。

五月，大发水，一夜涨三丈外，办事均在船上，余独住一艘。账房船，共有船七八号联住，在基围沿边上下。

同事丁步春，在乌石港分局办事，分局长为何敬舆。有一晚，洋灯忽灭，丁君大喊有盗，惊得满船人出来，查问之，再云："是仇人谋杀。"何分局长一一查问，均无其事。连二三日，即带丁君到总局，回总办。总办面谕："送到账房船上。"因是同乡也，见余顿亟言求救，长跪不起，说："有冤家寻他，已被寻到，决不肯放松，倘允保护，鬼六个可不来。"余姑允之，以安其心，明知发痴，可望心清。在船数日，离我鬼即来迷，连日如此。有同乡周禹臣，自问尚空，即代陪之，不料鬼即来，声言尔口过伤彼六命，非讨命不可，已上诉允准，前来捉人。丁再三求饶不允，要将丁沉入海中，尸不还乡为报复。余言："既然如此，何不在锡报复？"丁口云："当时尚未诉准耳。"余却不胜其烦。父亲往分局查事，姑丈在局，商量之余，决定送他回申，俟解饷轮开乘去。如此一决定，彼即头头是道，收拾行李，与人叙谈，一如往日。人问："日前何以如此？"答云："实因思乡故也。"付与船费，由阿春送去，到省住鸿安栈联号。香港同有栈，主其事者潘子骥，江阴人，粤候补巡检，曾当差及补过缺，闲时在栈作寓，所以去信托彼到港招呼，随人送彼上船。渠即回阿春勿必去，答伊"票已买"，答"即退去，出一元酒资"，并云："谢谢主人。"阿春回栈，未及到三水，即有香港来电："丁步春晚饭后不知去向，必跳海而死，尸无踪迹，行李寄港。电其子到港料理，寻尸无着，回申。"后来，全局即何君亦相信怨鬼讨命。

秋令，水退回局，税收不旺，父亲时出分局查理缘由。至深秋，因受水土不佳，胃口时减，不肯服药。余吃黄鳝中毒，嘴上生一硬块，同父亲往小塘看病，医名黄赤，名医也。因他成市，色色皆有。看后，服药稍好，余立消除。欲再去，父亲不肯再看。

十月后，知难再连差，因已三年，且收数勉强上比较。至十一月无明文，且无调在何处，决定回锡过年，候信再定。十二月初，动身回锡，初十到家，合家甚欢。惟见父亲有病容，述明在粤服药经过，必须再治，即往张聿青名医处诊治。据云，患黄疸，因服污水起病，定心服十余帖。依言服数帖，稍好，即停止。后又去复诊，仍以前言再服，然胃口不起，心常忧之。廿日后住城，一日因有廉姓房屋租与元大开设米行，典与我家二千元，后来赎去。父亲仍请张医服药，不数日过年。

光绪廿二年（公元一八九六年） 丙申 廿二岁

正月初，侍父至马御医培之处看病，所言与张聿青相同，惟言不可轻视，认真吃药二三次。与言和蔼可亲，然看病人每次坐满，门庭若市，气概阔大，门生开方数人，望之极羡。与言欲入门学医，彼云："须有初等根底，允为收录，必须《医宗必读》能背诵，粗通医理，方可收入门下。"马君既允，并指点方针，回家即买《医宗必读》及药书数部，闭门诵读，预备专心学医，不作出门就馆想矣。

父亲过月半与兄同赴申地，代兄觅事。至申南市，遇友叙谈及兄，友均言开设钱庄。于鸿升码头看就房屋，合成股份三千元，自出一半，招入一半，取名"广生"。父调排舒齐，即回锡。兄在申装修布置，请人办事等事。

父亲回来，一再说："既已开设钱庄，兄弟合力，内外同做，不必学医。医亦不容易，未必能成，成亦要到中年，不若开店容易发展。"引老友周舜卿、祝兰舫、唐晋斋、杨珍珊等得意于商业者为证。至二月初，决计去申，仍就所学本业，兄为经理，余管正账，尚能勉力做去。二月初八，开市，颇热闹。收入汇款，每日数千。无锡汇出，托怡昌代收解，不放心，决计设分庄于锡，派余为经理，即回锡布置。如此往来均妥，兼营江阴、宜兴等汇兑。

是时，三月底回家，见父亲病日深，胃口不佳，非香燥不能吃，面黄心忧，仍服马君之方。每至乡，父尝讲："治家立身，有余顾族及乡，如有能力，即尽力社会。以一身之余，即顾一家；一家之余，顾一族一乡，推而一县一府，皆所应为。并常看曾文正政书，研求国文，俾得应用；每日写字，以求通体。"于是，闲时即以父训为守，留心讲解之师，友人即以万青选先生推荐，因来去无馆地可坐。后陈君云："赵艺经先生即在西邻，讲古文、改文字颇好。"即去投门生帖，去讲讲大略。不一二月，斯时父病日重，延医服药，心绪日纷，不能如期去学矣。五月后，母亲云："备后事冲喜。"至六月初，更重不起床，所言皆后事，并极宽心慰儿等。坟事亦详言，形式注在卦薄，嘱儿去寻自得。余之学地理，即基于此。父亲专心学《易》及"奇门卦"，颇灵验，注有书，为人所卜皆验；自卜广生创业，建屋坟地，亦验。后请马培之到乡诊之，云："舌润津回，方可延长。否则，备后事，不必再请矣。"延至六月十一日巳时去世，如火之一熄，不觉所苦，但云："到宜兴去矣。"后扶乩，亦云已投生宜兴南乡。

丧葬尽礼，即请风鉴照卦上形式，四出托熟山湾地方者觅之。兄去申理店事，余近家料理一切，闲空即至山中觅地。所请先生七八人之多，皆各执一说，不能决定。因想照此非自作主张，自觅卦注之地不可。先从借书看，至借不到时，自买几种，朝夜看之。至附近各山看地，专心学习，并请熟于此者讲解。后买一地，复看不合而废。

是年，店中营业尚顺，谨慎小心。至年，除开办开支外，无甚余利。父亲去世，老成有言：余兄弟年轻，恐难久持，信用不足，有防余兄弟者。因而，格外小心，开支省俭，做事稳重，日久即无邪言矣。

十月初四辰时，生一女，名素蓉，后适李国伟，皋秀子，世读书，唐山大学土木科毕业，后专事实业。

光绪廿三年（公元一八九七年） 丁酉 廿三岁

店中营业如常。

空暇即往山中，习以为常。看地理书《人子须知》、《地理辨正一贯》、《堪舆地理大成》等。看书已多，略有主张，非得如卦之地不可。

朱仲甫丈专人来信，已知父已故，自创业，不能出外就馆。但云："如果在家有暇，仍到粤就馆可也。"答云："葬事未了，店中无暇，日后如有可行，再至前效劳。"余月薪八元，有田产收入，一家足用。

秋间，在大池湾买张姓地，做好未用。

姑母由粤回家，住数月而去。余送至申，住店中候轮，坐富顺轮，有熟茶房招呼也。

店中汇利日好，已推至常熟、常州、溧阳。收下汇款，不轻放出，占利无多，平稳过去。至年，结余无多，余分得酬劳卅元。

无锡各往来日熟，各有盈利，提出善举，托余代为分送乡人除夕米，余不肯多取，只数十元，沿路听苦者送之，是为代劳善举之始，下年习以为常。有善举基金之庄，以怡昌为多，上始相沿已久。存此心者，皆有厚望，沈舫斋、赵萼斋、赵梧轩、蒋润之、单蓉坡等，均专心善举者。

光绪廿四年（公元一八九八年） 戊戌 廿四岁

店中营业如常。

看书寻地，格外认真。时阅报，闻行新政后，康、梁逃海外。当日心窃忧之，恐生大乱，忠心者缘误会而致杀身，可叹！

族伯霭亭、管南、保康，时请父亲卜，称灵。久无人卜，闻新到有沈君，卜极精，可去试之，即往，将父卜未解者请解之。彼阅卦云："为地事，爻未动，地未见，今已夏至，交秋即见，不去亦能自来，寻亦无益，不如守过夏为自然。"于是信之，不出寻地，但看书、专心划兑等事。

接粤姑母信云：王青山军门近奉总督委为韶关总兵，不日前往接任，问余肯去帮理账务否。事为邻居族叔培林所闻，云："你无暇，荐我去代之可乎？"我想荐去必收录，先复姑母云："父之葬事未了，决难出门任事，兹可否代荐一位置？"来信允之，即要往粤。

六月底，培林叔约余同往坟上，作别去之意。隔日晚，路过西横山陈姓坟旁，出来一只虎，被我捉住，见其气息喘喘，醒是一梦。次日饭后同往，路过该处，心中好笑，意为先梦今破也。立定一看，见塘中有埂，自舜歌山前而来，力量不小，穿田过埂，真是到头。彼处本有记虎向右，与梦相合。一路跟踪至山后，自上而下，细看无误，再至地上，见一圆墩，比前后高起数寸，稻叶色亦不同。立墩边正看之，时来一女人，问之姓杨，男人已故。问她肯脱否？彼云："可。"问："价几何？"云："每亩廿五元，明日立契成交。"余回家甚快，明日杨女未来，知已变卦。回至店中，仍看书至深晚而睡。三更复梦，走路往明阳观前，有二人云："某地已成。后人问何价？"前人云："每磅卅五元，即要过磅矣。"余醒而思之，决是每亩之数。午后，直走西横山，杨女正出来，问："前日为何不来？"渠云："讨价太小，必要每亩卅五元，方肯做契。"余即允许，明日到街做字，二亩地，共价七十元，加费七元成交，方知地有缘分。此地为吾祠产，因地高常荒，售与杨姓，不十年而归余购得，田有稻。九月中，请周子贞地师选吉。十月安葬，穴则由余自定，在稻田时已看定，不可更改。后开见不差，三沙三土，形同山地。向为壬丙兼亥巳三分，面朝横山。周地师颇得意，谓："坎癸腾腾入亥乾，丙向夹蛇扦；着紫着绯并着绿，寅甲水来逐。——皆合长生法。"葬事既毕，即满服，除孝服，兄亦回申，店事照常。

粤姑丈来信，招余去粤，不说何事。时已年底，未空即去，答云："家事虽安置，店事无暇，春间抽空来前。"然连来数信，因姑丈继母王氏故后，其弟竹轩忘未报丁忧。姑母在粤，已报丁忧，无从由原籍起服，所得顶补顺安司，无法到任，对外不敢声张，招余代办起服。余不知内容，信上又不说明，所以在锡迟迟不去，猜不出何事，亦不想出外就馆耳。

过年如前，并代人送除夕米票。年底，店中无甚盈余，薪俸仍八元，酬劳卅元，一年用之有余，所以安心也。

广生开已三年，无余派账，计算亦不亏，有三股东不愿再做，将原本各五百元拆去。如此，只存一半，归吾兄弟独开，外面不知，亦无变动，余反为专心，料必做得好也。

九月初八，晚，二女菊仙生。母亲已望孙，见是女颇不乐。后改名觉仙，适蒋潜卿，早卒。有一子，名新一；一女，名淑英。仲怀四子，祖霭士，世家也。

光绪廿五年（公元一八九九年） 己亥　廿五岁

店事如前，营业尚佳。自己要赴粤，调张祥增先生即二姑夫接替，助理李伯萱，已熟习，可放心。

二月初，由申去粤，坐广利到粤，姑丈望眼将穿。说明大概，即写信张姑丈，转问曹竹轩，由李伯萱代问裴姓吏房，查无其事，无由起服。竹村姑丈并托粤藩房设法，亦无方法，只可补报及起服并行之一法，必须余回锡，面托熟人，自己去投，可无延误。姑丈甚喜，快去快办，否则顺安司被人补去可惜。如俟候补缺，则为肇庆属西山司，大不如此缺也。

数次过省城，并未游。此次住姑母处，如观音山、六榕寺、双门底、濠盘街、将军府，均去，方知省城之大，为各省冠。

候船即行，至申已四月初。到锡至裴姓吏房，托为照办，送伊费用。不料此人口是心非，迟迟不办，去数次方办出。粤信连来复去，后屡来怨言，怪我不出力。闷气吞声，无从发火，致生郁火痰。一面延张亮生诊治，一面托友向常州吏房关切，来信云："非亲自来不可。"转托熟常州往来之西门外豆行，亦如此说。即乘班船去，住豆行，将公文面交，讲好费用交清。住三天，如期办好，将公文交我带回，可称迅速。一面在各地游览，至天宁寺等处。初次到，并买木梳等回家。再至苏州，由锡往来素熟之赵萼斋，介绍藩房马采山。坐苏州信船，族人春福伯，晚即住在船上。不料马君往申，由其子出来接谈，甚洽。彼云："将公事掉在他处，决定照办。"与言："要几日？"彼云："决赶快，办完寄去，需十余天。"因非彼自办，房科终如此。"需费几何？"彼云："不必客气，我处无需，代办者代付，付入怡昌往来可也。"辞出，坐原船回锡。守十余日，果得信，已寄粤。约半月，粤中必有回音，将此函姑丈。然等人心焦，来信言太迟，误事矣。至六月初来信，已到粤藩房，准其起服。事已办妥，仍不讨好，顺安司已被人补去，不及矣，且候下年补西山司。如期补到，做一年余，无好处，求交卸。此时巡抚岑春煊，人人自危故也。此事办完，安心调治，梦一良方，服十余次而愈。

母亲等均不允即去粤，仍做本业，张姑丈已回申，自己经理，伯萱帮理，又添显荣走庄，生意不减。此时行新银元，内地押用，每千搭廿元，后为通律三七搭。汇款申出厘大，锡补厘小，日有盈余。

本可不想出外，自春去粤后，朱太尊已知，后已回锡，即关照如来可有事。至八月未见去，即有信托族兄转致快来，有后沥正账希望。看店事可放心，九月中决定再去。

在赴粤坐船时，见三僧，皆大寺之方丈。有鼎湖山方丈小巅，晚年出家，不吃素，住邻房，能看相及禅语，谓余不宜仕，不宜读书，将来可得异路。余问："何者为妙？"他云："儒释道农工商均妙，但要一心不二，十二年悟道精深。"余后方知有理。

廿日后到粤，将起服一一面告。姑丈云："万事有定数，我之官运不佳，被家中误事也。你此时来甚好，太尊现在后沥，不日到省，有调省河补抽之说，全省第一差使。现办王观察子展，与藩台不协互控，总督谭公已奏参革职，不日有明文，交卸在即。"数日果挂牌，定日交接。

朱仲甫世丈已到省，往公馆见面，述家事、店事、葬事。彼云："望你来管补抽账务，十月初一接任，廿九日、卅日去接洽交替手续及账册。"廿九日去见前账房张君，人皆呼"大仙"，天天吃酒故也。人极和气，云："我在办交卸，至卅午后可来点收。"问："账房熟手留否？"答云："未知。总办尚未派人，见单方知，大约必留银房数人也。"龙、胡二人即来叙谈，知我是接张君手，可望与总办前说话。至时，往接收账册捐票，同去各房办事官，各收所管文册。将晚往见总办，说明接收大概。彼将派各房执事单，问到银房如何？当说："龙、胡尚好，可连下，以资熟手。"允可，当晚发出名单，明日接事，照常收税。余为总账房，黄少卿副之，在河口老同事也。姑丈为办事官，世交厉友梅亦同，熟人不多。此补抽税局，比较每年四十八万两，带收台炮费，四万收费，报销四万八千。总办月俸一百两，每年有四万元，为全省第一差使，颇欣慕之。因做钱庄，一年赚几万，不易得也，即慕做官好。至十一月，即报捐布政使经历六品虚衔。同事云："捐实官好。"余云："日后望得保举。"接办后，每日收税甚旺。十日一解，平日交与票号收存，往来源丰润、百川、通蔚、丰厚等，每月利息二厘至二厘半，月底月结，开列清单，呈报总办。余每初一，即将结单送交总办，颇蒙奖语，云："如此快！"其实，毫无他事，写写容易。

每日闭门看书，此时所看转为政治之用。写字，大小皆习，立直写大楷一百字，将写下之有字纸，翻转作用，省纸，而同事不见。诸人见余年少担重任，俸比委员大，尤其如黄君，一事不帮助，看余做得了否，不料轻而且易，始折服。

匆匆已至年终，除夕封关。有公馆者，皆回去过年，文案等均不在局。至将晚，录事即书契来云："荣师爷，你曾预备大堂柱对否？"即答："问文案。"彼云："此事以前皆由张师爷预先请人写好，所以无人预备。新年必须更换，如何办法？"余答："去买纸来，自己写，快磨墨。"纸已来，墨已好，吃过除夕酒，即当众将老句照写，尚平直，同事书契折服焉。

光绪廿六年（公元一九〇〇年）庚子 廿六岁

新年，总办以下皆看过柱对。从此，文案全局皆稍推许。尤其如厉世伯，常来谈谈，云全局以余最佳。初不知何以出此，隔一二月，云："你知某某委员否？"答："伊常对余看，每月发薪水必来。"他云："彼熟悉风鉴功名，还是相张抚台而来。"四月半又来，余当即请他看相，当允在会客处谈谈。他说："明年得一子，兼升官。"云是"实官异路，气色已露，不是官，不是商"，当时尚无实业，说不出何名。"廿五至卅五可露头角，四十五大佳，名利双得，为得意，且有权，高于道府，惟无印，此后一路风光"。当日似乎言之过甚，不敢再多问矣。

总督谭（谭钟麟）为互参，先调岑（春煊）去，后调谭。来者李鸿章，袁大化调来专办矿务，随员江阴程筱荣，住小直街都司衙门内，时时往来，云"即开办建县涌流金矿"，约余去办事，有保举。此时，北方拳匪已起事，南方三督共商东南保境立约，刘坤一、张之洞均允。不一月，联军开到，裕禄无法应付，李鸿章五月十七调北洋，袁大化同去。自此，专心在做一新事业上着想。各种已有事业，无一不想。改看《事业》杂志、《美十大富豪传》，均看过。常到书店，选事业可观之书。

当时，全国一片战讯，北方开战不利。家中天天来信，催余回家。余看前途希望，回申为妙。且税务有七十二行商包办之说，万一香港牵动，要走不易，私心决定回申。即在总办前请假一月，由邹君代理。六月十七，坐鲤门船至香港，停五日，天天到皇后大道、九龙码头等游览。至廿三得申电，申安可行，廿六到申，海上风平浪静，为从来所未见。至店，见兄颇欣悦，并道："汇款起色，利益尚佳，还是做已业为是。"住数日，即回锡。至七月初十，假期已近，得粤信，商包每年四百万两已定，卸事已近，勿必来。总办在八月卸事后，亦要回苏矣。

此时，北方联军战事，已破天津。两宫西狩逃，先至山西，后至陕西。沪上风声鹤唳，一日数惊。商人逃入内地者，已十之七。余自南市走至北市大马路，由大东门回店，未遇一西人，亦无着长衫之国人，市上闭门者十之六七，地价、物价大跌。惟小麦装北洋颇好，内地到申不少。汇款甚繁，日有五千以上，占利亦优，日有二百元。心中甚畅，想从此余利可向自营实业上注意。各业均平淡，惟面粉厂增裕、阜丰反好。如此看到小麦来源，粉厂去路，粉是无捐税之货，大可仿制。正想着，尚无同意者，因南北商人，除旧有事业兢兢业业外，别无新的思想。余自十九岁至粤，至本年滞港，来来往往，曾见兴新业而占大利者已不少，如太古糖厂、业广地产、火柴、制罐食品、电灯、自来水、矿业等等，颇欣慕。在粤补抽，曾管二百零四种税，至申照收税各货，大都探问营运状况。如仿做，不外吃、着两门为最妥。

时朱世丈八月初十到申，即去见叙，谈粤税商包经过，并云："决不持久，商人做货则可，若包收税则难办，缺保护力也。"并问余："兄弟事业如何？"回答："信用尚好，汇款有利，刻正在想做新事业，大先生和卿亦正做毛巾等，惜太小，不能扩大，如从食与衣着手较佳。"彼云："我从事政界数十年，看去乏味，尔兄弟从事商业甚好。余亦欲作实利事业，你看何事最好？"答云："近日正在考查制粉，闻已成之厂颇得利，仿之不难。"彼云："有几处？"答云："四家，天津贻来牟，芜湖益新，上海美商增裕、本商阜丰。"问："去看过否？"答："尚未，如果决办，要去看看。"他云："正合我意。在粤时，知无税者只此一物，载在洋人条约。若仿制，风行全国，必爽快，你我决合办。"我答："只可彼此合力，分头招股。"彼云："甚好，刻下要将全眷送苏，再出来详谈。"我答："如要详谈，来信约之，我到苏便。"

不数日，有信招余去苏谈谈。余已知谈粉厂事，即往增裕参观，请对邻米行经理袁葆生写介绍信。袁君后来亦开粉厂，即与顾馨一合做，颇得利。余持信至厂，四周看过，皆在楼下，上楼轧粉间，不许看，洋人关照，至此而止。想至阜丰，闻从不允参观。访问天津、芜湖，均不知详细，大约造本三四万。

托瑞生洋行尤葛民，同乡介绍，初次见，甚和蔼，问："为何事？"答："有人要问制粉事，贵行能知详细否？"彼云："大班事事可做，惟粉机不甚熟，大约美机四百筒十余万，半数起码七八万；英机与法磨合用，三百包起码，不满二万。"问："有无样本？"云："无，本行大小订货皆做，如确有意，请来订购可也。"

廿日后去苏，早晨在渡僧桥茶馆吃早茶点，来一相面人，滔滔不绝，即与谈相。彼云："不是恭维，先生异路纹已现，必定恭喜，大有进步，必是大富之局也。"心喜而不问要钱多少，与二角而去。随即进城，至大太平巷，先见和卿，并看代办之毛巾机，正在提花，出品尚好。云："家父此刻有客，少待。"客即卢少棠也，约合资开裕大钱庄，未入股，仅存款，不多，此庄后发达而倒闭。不半时送客去。问："几时来？"答："昨由申来。""粉事曾调查否？"答如上述之大略。彼云："大机器无此财力，招股不易，且从三百包入手。集股三万元，各认一半，或自出，或招来，即此定局。我任立案，尔任购地，决在产麦之区设厂，如无锡也可。"余辞出，即回锡。函申商兄同意，回信允做，惟只允各入三千元，余下招股九千。在锡熟友问问，并各处看地，先在北塘，即后九丰身下一带，后至车站货站一带，均不合意。后看西门太保墩最佳，绘图寄苏，说明河道，地名太保墩云。议定招股各半。出资人未全定，大约股名为朱大兴、伍永茂，取厂名"保兴"，具呈立案。苏省设立商务局，局长吴硕卿，与朱世丈为粤省老同寅，竭力帮助，详呈督抚，奏明办理，得到专利十年。

此时十月间，地已看定，立案未定，未立契，防不成，至此放心。即将附近各地一一讲好，低田每亩六十元，高田一百元。十二月初一，写契，共成十七亩，中人同族桂馨叔、船厂孙金福。后来，族人桂馨后辈及孙氏，入厂成业者亦有数人。是日立契完毕，坐船回家，至仙蠡墩，狂风忽起，不能行船，上岸走回家，已半夜，似为建筑起风潮之兆。

不几时过年，店中年结余四千九百两，为历年所无，余利即入股，为投资实业之起点。

姑丈已补西山司，全家到任，来信不甚顺手。

拳乱已平，联军占北京。

光绪廿七年（公元一九〇一年）辛丑 廿七岁

和约成，赔款四万万两，四先令结金镑，四厘息，四十年分还，十一国公分，并允扩充租界。后美国首先退还，用于留学生。最后，除日本外，均退还。余后曾条陈政府，集万金，请郭秉文、李石曾至英、法各国，请还赔款，竟告成功。

店事照常，利益仍佳。四月生一子，合家欢然，取名清和，以大局已和，而生于四月也。讵至八月病，误于医，九月殇。母亲兴致大坏，饮食亦减，元气大伤，痛心事也。

正月招股，族兄秉之一早到家，云："闻老弟在西门开设面粉厂，将来必定兴旺。"问大略及每股如何情形，即要搭一股三千元。城中零星亦已有两股，至此完全为半数。此君为人精明了亮，惟目有疾失明，而心实明白。廿二年时，为合股公鼎昌茧行，父亲搭入，是年亏本，余垫款，由彼担保，有保信。至亏蚀后，不允清还，交涉数月，至请出族长、小长辈公评，被余驳之再三，允为照付。当日即云："老弟今日请大家论论，吾实被累，不能放在心上，一笑而散。吾今日颇乐意，族中已出人才，吾族是必大兴。族事颇多，弟年富力强，常来谈谈，有可兴之事，仍当合办。我之前途，为目力所阻也。"此后逢人宣扬："熙泰叔有二子，余时去讲讲大局族事，颇为知己。"

锡购地事、招股事，苏立案事，均妥，即去苏报告一切。至申定机事，由兄开始问价及装船、交货，引擎马力六十匹，磨子四部，法国炼石做成，麦筛三道，粉筛二道，简单之极。世丈亦去申，将以上一切手续说明，苏股亦招齐。要者尚多，加出三股，为十三股。签字订单，由朱世丈经手，完毕回苏。余亦回锡，料理建筑及租赁事务所。厂房由洋行绘图，公事房由和卿与余酌定。作头乐如记，为周舜卿君所荐，适承建南洋大学校舍完毕，把作赵桂林。二月初八，破土，整理基地，正式动工，轰动全县。

地保潘阿昌，在正月来云："荣先生曾否到图董江先生处，讲讲兴办大略？"余因各事布置，诸务冗集，忘却前去，已二月初矣。前途以为有意不顾地方人情，心中不快。即与朱某商量办法，朱云："如此，我去告诉彼相知某某等，云西门外有乡人荣某，要造磨面厂，规模极大，曾有所闻否？"云："皆未知。"时正在作叶子戏，有看梦者某云："究竟是何处人？"云："是荣巷。"某云："我对荣氏熟人颇多，不知此人，想是商人。"当时，重仕宦而轻商人也。某某云："如何对付？"朱云："有办法，只要如此如此即妙。"大家附和，即由看梦人起稿呈县。

不数日，接到谕单，知已有绅士告厂。即派人抄禀底，知某某等具名，谓擅将公田、民地围入界内，谕令饬地迁移，谕单亦以此为词。即连谕单函告朱和卿，彼即来锡，面商答复。

商得立脚点，地上确实有无盗卖等情在内，呼地保并招区书看册，一一对查，并无围入公地，且无筑围工作，只在地上堆些黄沙，有破土之形式而已。和卿看此来词，显有阻扰之意，商量后，即呈商务局，请令县保护。县中接到后，知不能由县擅断，将案禀上峰核夺。

外面均传，面粉厂由绅士反对，不能成矣。在局股东，均来问讯。有杨某，入股百分之一，亦来问，并述希望地方兴旺之意。即去见杨，在学校中，问大略情形，即云："如此甚好，吾望邑中烟囱林立，学校林立，如有为力处，疏解疏解可也。"

不几日，督批已到，有"士为四民之首，立论尤当持平。烟囱既隔城垣，何谓文风有碍？该商将公田、民地围入界内，是否属实，由地方官查明，秉公办理"。知县孙襄臣，天津人，举人出身，为人尚好，见绅士公呈，似有偏见。得此批示，明知半批，即亲送至具呈人处，欲出来查看。具呈人云："待我问问各人再复。"即传问："区书如何？"即复云："公地在附近则有之，恐不在内。"某某即决定和解，双方面谈，则作下台。不数日，满城哄传，某某等得厂方如何如何。

对面凌姓，有杨姓拟到省候补，缺少盘费，向伊商量。凌云："你不会想想法子，如某某等即可行矣。我保你得到，只要如此可也。"即请数十人具名再呈。县长如前再详，此时知为意外性质，藉风水为名，上峰又批下，孙知县见具名人多，再出谕单，仍以迁移为词。公司再呈上峰，一面赶速建筑，机器六个月要到，必须早造，不能因阻扰而止，谕单亦不问。县长来勘，已知不听，再上详。六月，公事房竖屋。十六日，常州府到场查勘，各种建造已有具体，地方绅士反对依然。于是，一再推上峰做主。

斯时大水，地场一片是河。外而有讼，内则内人有病，因产后起，甚危险。

新麦已登场，年岁大熟，每石二元三角左右，苏秤一百五十斤。工人工钱一百二十文；吃饭每客每日三餐，八十五文。围墙连工料，每丈三元；木料廿贯；砖瓦每对搭各一万，廿八元；石灰每担仅四角八分；黄石每船二三元。点心、小吃，每件三四文。豆腐每块一文，百叶二文，菜每斤三四文，其余可想而知。彼时生活程度之廉，由今视之，何啻霄壤。厂屋及公事房、廒间、街场、驳岸，一切完工，共费不满二万元。机器一切，共费二万三千元。股款三万九千元，用透支四千元。活动归经理调度。

内人五月起病，至七月险极，幸用参苏饮转机。及病愈，而清和又病，至九月殇，大致为造厂少暇，儿病不顾，且时正涉讼，双方不肯放松也。

至十月第七次督批，渐有胜象。再上一禀，声明厂已造成，机已到齐，正在预备，不日开工。其实，大体虽完，内容正在配备。动即经月，各件全无。初用机匠杜姓，丝厂做过头目，粉厂外行，所以滞也。

上诉第八批又抄到，云："知县办理无方，先行摘顶，以观后效；具呈阻挠人，查取职名，听候详参，着刻日详复。"知县已去顶，往各绅士述明情形，切不可再呈，防有严饬也。挽出温君，约余面谈。"此案如何结束？"答云："我本商人，无涉讼意，朱公亦平直，不欲与地方人士争意气。只因业已成，机已定，难于迁移，以致久延。"温云："何勿和解？"答："如何和法？厂中只要不迁移，均可商量。"彼云："我已明白，如此容易,待我与诸人议一办法,我等再谈。"隔一日,又来招谈。彼云:"大致办法,一商定厂中不能将驳岸伸出,二煤灰不许抛入河中,三不许高放回声,余无别情。所有普济堂地一亩,永远出租与厂,租金照常。"余云:"此数节,均甚近情。俟我告明总经理,即为答复。"商量之后,即允为和解,双方具呈,通详了案,得批注销完案。

二月起至十一月,历十个月,用去来往舟金、抄批等,共八百元,可算省矣。凌姓用去八千元,卖去当股了案。

厂中急速将烟囱竖起,由苏铁工厂包做,派孙阿虎装引擎、炉子。十二月中试车,外国工程师装引擎,忘记中间一节,正开动,即将气缸盖打一洞,大怪杜机匠未早说。要换机匠,于是招孙阿虎接充。工程师自赔,翻沙配好,将近一月。烟囱竖出后,外边谣言,竖时用童男女祭造,方竖得起。彼时风气如此,难怪反对有人也。

店中汇款仍好,至年终余五千两,信用日好,如此连数年均同。

和约已成,两宫还都,人心大定。时适山西灾荒,政府办赈,余即捐款,并由州判报捐盐提举,双月用,至加二级,请封典二代;兄则捐同知衔。

是年,厂中同事,除原有吴姓外,又来蔡履陶、崔仪卿。林姓办麦,荣寿昌副之,向宝大行办麦八百石,价每石二元八角五分,可见初开时物价之小也。

光绪廿八年(公元一九〇二年) 壬寅 廿八岁

三女敏仁生。母亲颇望孙,而失望。

店中如常。厂已完工，修件装好，即试机，择二月初八正式开机。是日，贺客甚多，前所未见。知县孙襄臣亦到。具呈反对者，虽和解，仍未到。孙公顶戴未复，后即复还，调缺他去。每日用麦一百三四十石，每石出粉二包有零，每日夜共出粉三百包，每石开支四角，袋扯二角。粉出后，销路未畅，不数日，积已数千包。拱北楼老吃客，皆绅士，云："机器面粉不如土粉，不可用。"各点心店闻风附和。而乾面行掺入土粉内，价比土粉还贱。二号售一元四角，三号降一角，四号再小二角，只一元一角。麸皮，门口有人要，每担九角。麦二元八角，一百四十五斤做一石，扯扯无大利，约一二角。

苏州设批发处于阊门内大街，以朱姓为经理，每日约有五十包去路，驳驳费事，非改在城外航船必经之路不可。于是，寻屋在新民桥东，坐南朝北，沿河，上下便利。无锡则在望湖楼，烟台请荣杏生去，粉由黄遵卿谈二官船装申，租苏州河福来德隔壁叶氏产。厂虽小，布置不小。

店中生意颇旺，兄添营熟煤，未能做好，专心粉事。王禹卿在麻油食锅店，时至广生谈谈，带销面粉，兜销天津帮。

时总经理住厂中，见营业并无大利益，和卿已故，心中无大希望，左右亦无实业思想，尝与谈论，云："此厂与我前途似难发展，做惯大差使，觉得乏味。"至年底，知广东厘金包商亏蚀甚巨，不能如期缴饷，有收归官办之手续。同寅屡有信来，心已活动，似有东山再起之想。

九月，余至芜湖益新粉厂参观。总办章千臣，曾任无为州知州，倦勤而创此厂。据云，数年以来，无甚盈余。回厂后，知广东已收回厘金。藩台瞿公，常州人，上任，曾到无锡面邀朱世丈，本是亲戚，允为帮忙。瞿到粤，连有信来，决定去粤，厂事拟交与卢某接任。余即劝以厂中现虽不发展，但未成熟，日后必佳。朱丈微笑，而卢君尚不肯接任，恐有亏空也。及至年底结账，存货一切盘点，并无亏折，亦无盈余，开办费已出清矣。

店中生意颇好，余五千有零。

朱世丈回苏，决托卢君代理。总账房黄君，镇江人，胸有专营之意，谓"必须大加更动"，而不敢明说，吞吞吐吐。而卢君与瑞馨颇熟，言"保兴要改做"，彼云"我有股份，可以商量"云云。

是年，二月十八日，将西横山父墓改艮坤向，九曲水出明堂，可望富贵，尤多丁，后颇应验。未改前，有杨君、沈君传言，向不合。得周君及其世兄章佩之研究，必须改今向。

光绪廿九年（公元一九〇三年） 癸卯 廿九岁

四女卓亚生。

店中照常。保兴仍开，朱未来，卢亦未来。余不明何意，即至申，与诸人商量前途，并至杭参观官办粉厂。庄得之，府班出身，开不久已停，约余去看，有出租之说。看后，与保兴同是石磨，日出三百包，地位不佳，后未开成。欲顺游西湖，天天阴雨，住通益公纱厂客房，订货出货者住满。总办高懿诚，府班，为人勤俭，陪观全厂。余将扼要一一抄入日记，为后来做纱厂基础。住七日，天仍未晴，即回申，岂知至申即晴。

回锡后，停数日，至苏见朱世丈，云："粉厂事，我已交卢君，欲将股份出让。厂已停，由卢盘点料理，不日往粤。汝如亦觉对此无甚希望，仍来粤助我管理可也。"余未答，知卢君有黄君，绝无好果。至申，与瑞馨相叙，渠云："祝兰舫颇有意，惟须独购，意谓如何？"余云："只可独购他股，我荣姓之股不让，必可发展。"心存争气不争财，与卢意见相左，决收股改做。如此，祝搭四千，张某某搭四千，自己增至二万有零，共为五万元，将保兴股了结。原呈人朱大兴、伍永茂，留茂改新，即名"茂新"。余仍为经理，兄为批发经理，张某某为名誉总经理。三月，照常开机。黄君自去，蔡、崔两君往粤，正账为张熊占，蒋成之写信，办麦亦改张介堂。出粉稍改良，麦机添一只，由韩福记造。水洗不用，因麦潮，出粉软，顾客不乐购。

余时至申，兰舫先生入股后，每遇必讲，意存造厂，后在打米厂旁、锡金公所码头左首，建造华兴面粉公司，买英机卅二寸六部、十八寸四部，每日出粉一千二百包，为沪上第三家。

茂新自改后，每日去路稍爽。添一粉筛，自做仿造也。华兴成立后，匠头名黑炭，略与讲讲如何形式做法，彼云："老板不许说出，亦不肯放人看，候有机会，领去看看可也。"麦已涨至三元外，粉一元六角，一切物价如前。烟台庄收去，苏、锡、申足以销完，只望加增出数。惟石磨时时要停，不能多出，粉比人小二角，所以难于获利。

店中汇款甚好，龙洋贴水大也。至年，余五千余两。厂中有开支，无余利，但脚地已坚固矣。

光绪三十年（公元一九〇四年） 甲辰 三十岁

是年，日俄在吾国东三省大战，结果日胜俄败，东省情形大变，粉销甚好，微有余利。店中如前，信用更佳。

因思古人云"三十而立"，吾人须对社会、地方，稍尽公益义务之责，故时至家塾中观察，拟改良教育。于是，华生先生发起捐款，开办小学，共捐年费六百元，余兄弟共二百元，收款归余管理。此举，瑞馨、子俊、永吉、华生均赞成助款。吉人先生尽教育筹备义务，以椿年先生出名，时鄂生叔尚在校中也。至明年，成立荣氏家塾，建筑新校舍于祠堂之左，有课堂二间及宿舍，由瑞馨任筹款，共为二千元，渠任多数。光绪卅二年，正式迁入。立案时，公议改为公益小学校，校额由伊知县峻斋所书，开校且亲来道贺。教席，聘严尧卿、过永葆等。该校至光绪卅四年，经费全由余独任，吉人先生为校长。并设女学，请施献臣先生主持。是年，前出款人均不继续，自生经济问题，无暇及此。余因觉乡中、族中不能少，且已任扇董，面子有关，继续办理。

厂中粉销甚好，因日本全国已决定对外忍耐，对内从事实业，帮助人民经营，作经济战之决胜。英人竭力襄助，甚至联盟十年。吾国人民有识者，忧时兴学，变法图强，并请颁定宪法。清廷虽允成立咨议局，究属太慢。国民主在变新，而奋不顾身者不少，人民纷纷亦主兴实业，政府特设农工商部主管之。各县设立商会，无锡亦成立，周舜卿为会长，过玉书副之，华艺三坐办，蔡缄三庶务，余亦为会员。

邑中渐呈新气象，周新镇已发起创办丝厂，纱厂则已有杨氏业勤，丝、纱、面三者均已具根底。教育尤为先进，士人已无科举，皆入新学。于是，至日本、英、美留学者亦不少。回来考试，奖给举人、进士。当时为父兄者，尚重功名，均望子弟转新科举为显扬，而所学以法政为多，转入西洋，有学矿政地学者，尚无研究丝、纱等实业者。

是年，茂新盈余无多，市价因石磨而小，华兴、阜丰、增裕，则大为得利。欲去参观，不许，多方想法，与黑炭说允，带余去看上下各处机器，均看明，并将要点摘下，决心改添钢磨。无奈添本不易，自己无此十余万之巨款，外招更难，即招到，亦无同心可奋斗者。广生营业如前，年终无变更。

是年，族叔祖履吉由山东回锡，叙谈之下，颇蒙奖许，知余已创办实业，云"前程不可及"。彼由刑名出任县丞，历保至知府，先在粤督张之洞幕，朱仲甫初次差，即彼保举。余父任磨刀口，亦彼所荐。历官三品衔，曾任堂邑、临淄等县，及张耀折奏，因脚病回家。渠尝以乃子无能为叹，以长孙茂忠为托，决就实业。余允为提掖，后入茂二，至今成立。

光绪三十一年（公元一九〇五年） 乙巳 三十一岁

各事如前。欲至姜堰麦庄，由江阴过八圩港至靖江，由陆路坐小车，过季家市，住乾号往来户，甚客气。一早过黄桥，至晚到姜堰，和泰祥主人宫聘之，秀才而商者也，为人和蔼。调查麦情二三天，往泰州，至仙女庙，坐小轮到镇江。住客寓，游金山，当时尚四面如水，与今日不同也。坐小轮回厂，心中仍要添机。斯时，粉价利厚而稳，石磨粉小难跟，决计添钢磨，计划一切就绪，只无资本。

二月，沪宁铁路先由苏通锡试车，即去苏，破天荒招客午饭，来去二时。至四月，沪锡全通，即往申，商添机，兄早同意，其他股东难先说。即向怡和洋行机器房毛祝三看样本定机，买办祝兰舫、副办叶慎斋，由机器部主任讲明三个月交货，十八寸锟英机六部，每日可出粉五百包，连石磨，可共出八百包，购定签字，计银四千两。余手拿合同，兰舫先生适进机器房，云："连日来此，有何事？"答云："定磨子。""共几部？"云："六部。""其他机如何？"答云："自造。"彼云："自造靠不住，要上当。如果能造，外国人要回外国去了。好到丢落只四千两。"余不便再说，因渠亦大股东也。再去买柚木二根，准备翻砂造机，购车钻床回厂，各造车间，分部定规，建筑匠亦定。五月初五，择吉拆卸边房，接造三层楼排机间，限日完工，粉机、麦机皆仿造，如限完工。外国机亦到，即装车，至八月初五试好，六日出粉，并无不妥。每日八百包，装申销行甚好。

六、七月，时时至申。七月初七，家瑞馨请吃素饭，在北京路寿圣庵做打醮，各人均到。是年，裕大祥初开，兴致甚好。上海已发起振华，一切成就，颇羡之，欲在锡再办一厂，所以起草章程办法，招股分担，用手折写好。午刻至庵，众客已到，余即对众说："你们做纱厂，何不在无锡？"彼等云："已成局，如早说，确是内地好，候机会再做可也。"余即袖出章程，各人云："甚好。"决再做一局，照此决定，发起七人，取名"振新"。发起人即张石君、叶慎斋、鲍咸昌（**大丰布号股东，早故**）、家瑞馨、徐子仪、余兄弟，共七人，各认三万元，其余分招，限日截止。定机归石君，建屋招匠归瑞馨，后包与俞姓，共九万余元；余任购地，不半日成局。

当日，余兴致甚好，兄亦同。广生生意不差，即提出六万元入股，为各人三万。七人招股，至冬均齐，惟子仪招人而凑满。余更招得三万余，由过君出面。至限截止，岂知未曾满额，共为廿七万零八百元。购地，先将茂新余地划与八亩外，四边购进及租者，共为廿八亩以上，余明年派着监造。

是年，粉厂新机开后，每日可余五百两，心快异常，并在厂边建屋四间，出入近便。早起晚归，只睡六小时。粉厂之外，又添纱厂，倍感忙碌矣。而理想不停，尝至苏州购地，预备造栈房及批发所于钱万里桥，取其近便。苏批发经理荣汉卿物色地基，共购四块，至今存在。锡批发已任严少兰，办麦请王禹卿至姜堰。苏申往来极便，想着即去。

至年，广生余数如上年。茂新余六万六千两，除去南顺泰倒账八千两，瑞馨经手放去，实余五万八千两。将添机一切费用出去，股份加足六万元，每股一百元，计六百股，厂基实用至八万两。常欠庄款，营运在外。然局面已大，流动尚易。股东亦分得余利，余分得花红。

是年年底，母外症颇重，电兄回家，并祷告延寿五年，服人参而轻，请邓星伯诊愈。

嫂有孕，明年九月生鸿元。

光绪三十二年（公元一九〇六年） 丙午 三十二岁

一切事业如上年。振新基地已购好，不日破土，即有当地江姓，出而阻扰起诉，后即和解。

友人徐子仪同往苏游刘园，盛氏购自刘姓也，布置甚好，至西边一角更胜。徐问："最喜何处？"以西园答之，将来欲自建此一角。

至申，住店中，早接家中电报，知生一子，欢喜异常，取名鸿增。回家过三朝请客，母亲尤为欣慰，然连年望孙，身体已弱。是年，共添三孙，兄得鸿元、鸿三。

振新破土，从事建筑。茂新销路平，麦贵粉平，难于占利。外粉竞销，全市充斥。广生汇兑略减，新创汇源，格外招徕。我则因粉厂并兼纱厂，人力稍差，占利已薄。姜庄已换杨少棠，王君被裕大祥招往天津，浦文汀办麦，李伯填专事广生，余则专事两厂。春间，兼营收茧，年年照常，可得二三千。

厂旁屋已拆，母亲等均回家住，觉得嫌小，于是欲造屋，购地于祠后。因每至学校，看后面桑田颇合，托人向秉之、季平商量，让地二亩，出价一千元，时值百元一亩也。祠中一亩亦让来，计五百元；子兰一亩，由兄购下，亦五百元。福田禅院代迁，贴费六百元。于是，归正四方，前让路，明年春破土。

斯时新学已成气象，甚好。并提议新义庄，亦办成。惟余主张以教育为主，不以仅吃公账米半升为然，鳏寡则养之。而众议不合，余未加入，个人力行，以期贯彻此旨。后来，各事归根于此。吉人叔则以余言为合，于是隐分两派矣。

振新赶速造厂，机器至十月可到齐。各处工房、公事房分批包建，至年而完工。引擎招屠阿大装，纱机由杨春荣、沈阿虎、刘阿荣装置，至年均完。惟一切小小应用，随时添备，费时不少。外国工程师，请张君笠江通译。张同文馆毕业，曾在业勤任事，故亦熟手也。

茂新年结无余，广生利微，大不如前。而无锡西门一带，气象大好。火车旅客，上下不断。厂中已自备小火轮，来去车站极快，余下乡亦时乘焉。

族议预备修谱，余亦任事，主修归族中长辈椿年先生任之，至宣统元年散谱。中多争执，大都立嗣问题，分别清楚，比较上次为明了，惟对坟墓未立图为简。人士有照像，均加入，余父亦加入，惟照我办法甚少也。后来二次修谱，余出力较多，费全任，主修为长辈华生，协修为吉人先生。欲补前所不足，多加文字，扩充各省支，山东、直隶、山西、湖北族人不少。曾再三商榷，于接线有隔膜，本籍汶上祠图均刊入。不料办理未竟，吉人先生中途去世，嗣于民国廿六年散谱。至今想之，幸而速完。不然，经此数年，模糊难查，欲修不克矣。

学校学生日多，然私塾尚多，不去干涉，自作主张，然有识者均主变计也。至后尽入新校，十年屡查，几乎普及，升中学及大学者不少。

光绪三十三年（公元一九〇七年） 丁未 三十三岁

茂新照常，广生亦然。振新已建完，择日试车。内容为总管张笠江，副经理徐子仪；经理张云伯，惟常在申。余为监造，至开幕，可无事矣。

正月中，坐小轮至玄墓看梅花，并看四大柏树，即晚回城。

二月正式开机，一切尚妥。每日夜出纱廿二三件，市价每件一百十二三元，合八十七八两，无甚利也。

是年，裕大祥营业阔大，纱厂二个，粉厂、油号、保险，并专做洋布、面粉，各人自做橡皮股票、火油股票等。余时来去，但见人人至观盛里，作方城之战。时商业缺乏研究，心中为忧，调度欠公允。自搭入股份，庄中少流动，营业减色，汇兑清淡，他处比我联络也。王魁元意见相同，自怡和出来，时至牛庄、天津，兼申经理，讲纱厂别具见解，余自来往申锡，必叙大局。

兄自开幕回家，及余在家，均觉老屋太小，共商建屋。地已平好，欲小小范围，简便造之。然连年为公兴造，耳目所及，仍然不能过小。于三月破土，六月十六上梁，至年完工，共为十九间。外加照墙、披屋、围墙，共享六千元，实为省算。

振新开业至中秋，已欠裕大祥卅余万两。叶慎斋为银钱董事，向外欠来，即与石君商量，若此情形，过年必欠巨款，如何结束？魁元附之。经理在申，不管营业。副经理读书，不知生意，一味扳价，请为主张。彼云："我当日欲德生担任，均为瑞馨等所阻。谓已有粉厂，再兼纱厂，似乎太重。照目下情形，以能兼理最好。"二人至锡，说明来由，余力辞。后来再三说之，允助云伯，销清存货，至年不致欠款，明年决不再办，由股东解决。诸人均云"甚好"，余即去问事。存欠存货，一一查明，即招纱号，以汤汉章素熟也。一月售完，二月出清，并不亏折。坐小轮至太仓花行，至横泾许大隆号，买籽花五千包。售纱一百零五元，低价籽花八元八角，成纱尚有利也。每日详告总经理，颇蒙嘉许，并嘱将工作整理。每日至厂，看各部分利弊得失，一一明了。用花若干，出纱若干，出数如何可以增加，开支如何可以扯轻，牌子会好。数月做过，颇见功效，于是各散股略为安心。

是年，裕大祥各人均营投机，名为获利，实则号中暗亏，肩任者均忧之。茂新至年无利，实则略亏。广生无甚利，本少汇清，放出无力也。兄大做面粉，明赚未结。振新总账在申，明年报告亏至五万余元。

家宅完工，未迁入，以兄无暇，过年再定。

是岁，茂新附设美国购来打米机六部，兼代人打米，至改新面粉机麦间而拆去，售与宝新，后颇发展。

是年，曾设立戒烟局，戒去不少，复吸者亦多。

光绪三十四年（公元一九〇八年） 戊申 三十四岁

茂新、广生如常，惟均难做。美粉竞销，麦收不佳，麦贵粉贱。兄做粉暗亏，有利粉船沉失，抛出粉照交，栈底损失，结亏由庄款调度。裕大祥受总经理及各人支亏，营业大亏。振新尚好，有微利，正式任余为经理，人事略有调动，总管改吴炳奎，张至秋间辞去。

二月迁入新宅。妻孕已过十一月，心不安。

三月，瑞馨父故，三月半开吊，天天上城，至晚而归。十四晚，张笠江约同游惠山，晚饭后即走，至天明方回，人山人海，一路看会，不易走也。天明后，回至乡间家中，已知二儿生，合家快乐，三朝取名尔根，比他儿多二个月。

四月到申，橡皮股票等不佳，粉贱，并沉失订货一船，兄粉有利变无利，抛出追讨，王禹卿经手，致涉讼赔钱。

母亲自生二儿时，因走至大厅，呼仆人招收生受寒，三朝起病，延医调治，时好时重。余多方请医无效，至六月廿六日巳刻去世。经此大故，天热，各处忙极。开丧后，余即病危，吃西瓜转机。病愈，各处寻地，预备安葬。

斯时，裕大祥将倒，无可挽回。茂新迁入南市，粉小无利。兄亏本约五万，广生资本牵动，余只得竭力设法，此为入市以来最困难棘手之一次，往来均欠，需用无着，岌岌不保，仅聚生仍往来，庶康收账。裕大祥倒四十万，重要人均避不出。幸余将广生、茂新、振新均早安排，未曾牵入漩涡，然往来户已皆留手矣。

八月初，两宫相继升遐，继嗣宣统，市面因时局而大坏。黄松年见大局危兀，即取款而逸，账房无人。王禹卿先生自津收束回申，即来帮助。王君应付有口才，遂任账房，兼销粉，颇能协力。年终，庶康杨松年专至无锡，讨取往来，追索照还，否则作倒。余允照还，至年付伊八千两，皆取自己田单及苏州已购之单契作押，渠尚不允。经理穆君则颇明达，劝手下人，谓："彼已诚心将己产出抵，其余决不妨。稍缓老阔说话，我来对付可也。"心感之极，后来心存报答。李裕成亦极心照，至今感之。可见，万事当稍留余地也。

再三计划，茂新、振新照常，广生汇兑已微，放账无力，不能顾全，只可至年收歇。然十分痛心，因是先父所创也。欠出尚有四万余，派人收账，明年收一年，所入与开支相等。兄弟共商，还是向赚的路走，专心两厂，从此发愤用力。茂新将批发处迁至三洋泾桥。裕大祥讲账完结，各股东均亏折。张君仍任洋行买办，兼振新董事。瑞馨任丰泰后，仍做投机，至宣统二年再倒，得友助而了。余由此得经历，一味顾大局，各事均得分寸，一一布置。过年，振新小余无补，茂新亏少许，连三年共亏二万余矣。是年三月，伊峻斋知无锡县事，照会余任开原扇董，兼任劝学事。公益学校任费诸君，均有事而止。此后，归余独任，出力以吉人先生为多。竞化女校初办，施显臣为校长，仅学生三十人，后添至四校。

十月间，安葬先母灵柩于大池湾，蔡龙山主穴，立艮山坤向兼丑未一分，是一钳穴，土见五色，水有三堂。安葬后，心中大悦，得一大富地，必有成功之日，三年五载可见。

周湘泉分金。

春间曾至宁，祈请饬商会将棉花放行，准之。

宣统元年（公元一九〇九年） 己酉 三十五岁

各方皆呈新气象。茂新仍开，然股东已有不信此厂能转机者，将股售出，每股见低价十余两。兄购十四股，计二百两，与王先生各半。王君有股，自此时起。振新申锡股东不和，是年并股，归锡负担，一面招人接替，人事改动。余为总经理，董事选人俞廷元、邹务生、唐水臣，兄任董事长，批发汪子泉、殷明斋。茂新迁入钱家弄口，后自置。申锡合力，专心做，尚有微余，可以支持。然纱已好，牌子起色。收花吴昆生，账房刘绶之，办料家永达，总管吴炳奎，助账田少梅，人手一时整齐。茂新办麦浦文汀，外庄杨少棠。上海公司账务荣雪梅，正账查仲康，协丰收账，后荐来。振新锡批发经理汪子泉，走庄殷明斋，批发处在财神弄口。太仓行何家市办花荣恒春，杏初正账；横泾分行，后添陈经桥，查仲康为经理，南市熟友（后来皆为纱粉二厂录用）丁子锦、荣炳泰，学生为荣浩泰、王永深、浦志达等。

余每至申，物色杂志样本，余暇时加涉览。夏间，向美商恒丰洋行讨样本。据称，新代理白乃里司最新式之粉机，要样本可送，须缓一二月可来。至秋寄到，由兄去取，并谈价若干，兜买一副，格外便宜。为推销起见，可放款。此言余得知，久慕美机，无力购置，股东力量，决无如许，只有欠人赚下还钱，方有发达之日。穷思极想，建筑无力，因需现金难借也。一面问明定机方法，一面计划厂屋地位、拆改一切办法，石磨拆除，打米机出售，改作麦间，粉间照样本计地方尺，一一算好。彼时无工程师、建筑师，只靠自己一切预备，本属筹谋。

深秋至申，将此共同研究，心中悬悬，不敢即做，金融上非有帮忙不可。各处接洽尚有助，与王禹卿云："我们请王乔松起一课。"即刻过三洋泾桥弄内问课，占得"拔茅连茹"。问："自做抑帮人做？"云："帮人做。"云："甚好，三年中必发财回来。"于是，共议分头进行，决定定机建造。财力全无，只靠人力也。后果验，细想此卦，乃后日接连造厂之谶也。

机器定好，先付二成，八成分二年，约十万。房屋由魏清记包造，交屋后付款，计一万零二百两。老引擎拆去，装四百匹马力引擎，价四千两；炉子三千两。其余拆下之引擎，售与南洋劝业会，作电灯厂。

南京鲜鱼巷设批发处，以管梓怀为经理。镇江边亦设批发处，后以严少兰调南京，管梓怀调镇江。李伯埙任北塘，高右铭为南门认销处，预备明年出货。后会场亦分批发、出货入赛，纱厂亦预备参加赛会，制阔大布，后得奖。学校方面，则竞化之绣工；余出新木器，先在本邑预赛。时人心颇好，治安亦佳。是年，振新、茂新均有利，申亦平稳过年。

宣统二年（公元一九一〇年）庚戌 三十六岁

五女茂仪生。

振新、茂新照常。丁梓仁到纱厂任襄理，因怡安栈收歇，我局日事扩充，需人亦多。

二月，茂新新机落成，外人福白司偕王星斋亲到，拍照记之。新粉质量良好，推销甚爽。惟牌子初改"兵船"，人尚压低，仍不及华兴、阜丰为高，心终不服。质地、粉色、经线、分斤准足，外貌、装潢、颜色悉照外粉及同业发行式样，一一如式，如此在市并行。

振新纱已与苏"天官"、日纱"蓝鱼"等并价，每日出数卅二件，用花三百四十二三斤，开支每件不出廿元，如此省法，实为人所不及。每件纱可赚数元，不出十元耳。时外纱竞销，欲多不能也。

南京劝业会开幕，有请帖，余因有服，未带衣冠，守卫不许入。后服阙，逢正事，必备之。至三月底开幕后，连去观三次。地场大，各省有馆，一次看不了，全国物产有朝气。余得奖牌三等二块，一时荣幸。

沪上投机极盛，某某发财，某某失利，至六月色色贱，大都为外人席卷而去，市面空虚。三庄倒三百万，道库出而维持，奏明办理，市稍平。瑞馨又亏巨数。振新地产向存董事唐水臣处，与瑞馨姻亲，被他借去，押入汇丰。斯时，批发已在三洋泾桥沿浜二楼，雪梅为账房，被其将茂新书柬倒押，在保人字上盖之而去，不知何用。至七月发觉，追讨无着。瑞馨无钱赎回，汇丰交上海道蔡乃煌，转请商会派王步瀛、官派匡凤仪，会同执封条到厂，说明原因，如无办法，要将厂查封抵偿。满城风雨，往来均到，有欠追讨。信成银行经理将晚来出货，余因晚不允，同坐至天明，一夜未睡。裕宁请总督转县查封，因是押款，据理力争，由商会代呈而止。于是，将进行办法到申兄弟共商，四出请人帮助转押，连三十八日而成。余每早至申，晚车而回，计卅余次。托人借款，后由李裕成及信成周舜卿共借

第一编 乐农自订行年纪事

八万两，用庄活期四万两，厂内凑出四万两，赎回了事。从事说项者，朱企臣与友汪君为多，至可感也。两委员接申撤回信辞行，我即雇船办菜送行，承奖语有加，谓："从未见有遇此重要事，而从容照办，一切条理井然，至办妥而已，将来前程无限。"余亦感其公正宽容，许我设法办好。王君后在教育部为科长，民八年遇见重叙旧话，自知目力未错。余亦见其与在商会为文案时，相去天壤矣。匡君后为轮船经理，亦诚实人也。

是年，振新至年有余，还去往来，仍不宽裕。茂新有余，除开办一切，折轻成本，内容颇有脚地。

宣统三年（公元一九一一年）辛亥 三十七岁

两厂照常开。春多阴雨，小麦年境本差，收场又雨，质地平常。出新囤户甚多，阜丰兴致尤佳。锡地已设九丰、泰隆、惠元，均见茂新六万元做如许生意，皆仿做。故不数年，粉厂共有五家矣。业麦者均存货，于是滥收上栈。余则不存，见姜堰本地共存百万担，浦先生亦主不存。人取我弃，以观后来。且麦贵粉贱，并无利益。厂多，出数巨，资本少者，竞销尤甚。各地皆放批发，我处杭州、湖州有代理，时沪杭路已通车矣。

各地大水为灾，湖北更巨。至秋，武昌起义，各地响应。人心不安，生意大坏，金融大紧，洋厘大涨，至八钱八分，从未见过。各省独立，无锡亦响应，厂遂停工，人亦逃散。

余心中有时觉闷，与浦先生至惠山吃茶。一日过北塘，正夕阳西下，日光返照墙上，见水渍三四尺高，余云："麦已变坏，受潮复又受热，失晒热伤，与粉色、经线均有关。"即至接官亭堆栈，取样试验，果然。从此得诀，栈中热坏麦不收，江北亦同。阜丰热坏姜麦甚多。王石泉辞歇，后到我处。

十月后，革命成功，清廷逊位，大局渐定，人心稍安。是时，同盟会会长国父孙总理，与胡汉民、黎君等到上海，立宪公会会员开欢迎会于张家花园安恺第，摄影余亦在内，现存者劳敬修。

振新停已月余，工人有来问讯，定期复工。惟工资现银难取得，洋厘大，无人有肯放出也。因想出在当地立案，自出工资票，以实业担保。图样悉照钞票，请商务印二万张，归余签字。每次发工资，即用此票，工人照用，此难关总算渡过，照常开工。而各店不收，指定几家代收，予以权利。车站方面亦然。后来用惯，欲停不可。至明春，县政府称，都督府财政处汪赞卿禁止，不能自出，即收回保存。

本年，茂新薄余，料理过年。振新因银根紧，归结往来，将货售空，只备棉花栈单三百包，押入聚生，除此无货。归请各店，预备开业调度。到太仓，开收路头花送厂，可以接用。

公益、竞化照开，学生已多。男校已升至高小，开办至今已七年。初办尚系预备，至本年正式招收一、二年级生。彼时，经费甚省，所费无多。余每至家，必以学务计划进行，希望造就人才。

丁梓仁离振新至申，接沙头纱厂申账，兄有股份，租办一年，明年拆账，有少许余利。

是年二月底，同宝兴长号主刘柏生、阜丰经理孙履平，同游临淮关。在浦口坐津浦路料车，路尚未完工，沿路荒凉之极，见冯梦华所住之茅屋为行台。次日，坐小轮到蚌埠，见刘葆良观察，任南段局长，留午餐，陪客云："将来成大商埠，可购地。"

孙、刘皆买，余未买。路中谈讲商业、地理、教育与商事，甚为欢洽。

是年，清廷逊位，计九朝二百七十六年，以摄政始而摄政终。能使才与不能使才，其得失有关焉。大局如此，人事亦何独不然！

民国元年（公元一九一二年） 壬子 三十八岁

三儿一心生。

是年，茂新照常开工。振新正月初五召集董事会，欲请各董事垫款五千元，赎花栈单，无一应者，一时不能开工，棉花已无。是日，不拜路头，与账房李友常同往上海，车中商明方法，先请李君至聚生，见账房浩然先生。先生问友常："何以今日可来申？"答云："振新去年因厘大，将货出清，各庄往来归清，未开户，无款取栈单，董事不肯垫款，恐要开不出，来申寻生意。"浩然说："我处关系极大，切不可与老大（即经理孔先生）听见，要吓坏。新年即搁起如许，于我庄不利，快想别法。"李说："德生先生同来。"浩然忽云："如此最好，请他来，将栈单取去开车，约日归款可也。"李来说明，我计已妥。即至庄拜年，作新年应酬话，然志在取栈单耳。稍待，浩然将栈单交我，云："刻由李君来说如此，大致何日归来？"答："过元宵，如数送还，决决不误。"后如约送还，不失信用。栈单取到，即出货装锡，已初八，初九开工，无锡各庄转告殷明斋，约余去开往来，余答："去年如此，今年仍如此，何意要我去取折？"一再来去，彼不送来，我不去取，双方搂住。车已开，即售纱，贴现取款，送太仓，开秤收花装厂，源源而来，已应用。每售纱，皆贴现送太惟茂新进麦划款，无往来不便，即想出三日划条付现，二厂通融。茂新买禅臣德国式大铁箱两只，彼等问："何以要如此大？"我云："装银洋，非大不能容，已过开户期。"人问："何故不开户？"我答："自往自来，试试看，一年可省利息不少。"乃时，余已学社会及国家经济数年，调度异于寻常，自己种种亦稳而有备，各事安排好。

茂新牌子甚佳，人人称赞。各厂皆滞，惟我独俏，价已超过"老车"，目的已达。他厂无利，麦贵粉贱，销滞耗利，我则无存货，外面只知新美机之佳，王星斋尤为鼓吹。于是，各厂添出美机不少，不知我办麦当心，剔去热坏麦也。

四月初，与吉人先生等同游杭州，香汛已过，人已闲，住湖边旅馆，先在火车站，次日过湖，住孙直斋公馆，尚未改惠中。坐轿游玉泉、三天竺，上山至龙井，再到净慈雷峰塔，买蛇放生。过湖中彭公祠，到阮公墩，欲买之，托人问价，索千元，惟填高不易，再思不宜而罢。过楼外楼，上小孤山吃茶。过西泠桥，见荒草中岳墓，后去已修整。仍宿孙馆，次日到刘庄，上城隍山，吃千层饼，买张小泉剪刀、庆余堂痧药、舒莲记扇子，预备送人。是日住城站，次日回申转锡。

是年，新麦平常，仍由江北办来。纱也平淡，无甚利益。因开支节省，月月有余。两厂皆稳，名誉甚佳，历过难关，立于不败。

农商部新立，政府已由袁总统当选，议行新政，召集工商会议，令行各商会推选会员，余被推选。八月进京，同行者华艺三、蔡兼三、汪赞卿。余并请鄂生叔为文牍，顺便同行。津浦已通车，惟尚分三段：南段至徐州过夜，中段至济南过夜，寓十王殿中和栈房，次日渡黄河，分段坐车，黄河桥尚未全部竣工。晚至津，晤同乡华世奎璧臣，已入津籍矣。次日抵京，先住西沿河行台。各处拜客，晤唐孚臣，留住后生公园医局，主政陆公润庠，唐副之。

报到后开会，会场在教育部讲堂，到各省一百余人。主政部长刘揆一，干事数人，陈介蔗青、廖君、李静涵等。选出议长胡子笏，湖北人，后为福建省长，有口才，一时推重。王一亭亦到会。共提出议案八十余起，余提三案。一为扩充纺织，为第一案，通过。一为设母机厂，以六项为工程、轮船、火车、农、矿、军械，制造各项母机，资本一千万，由国家发起后招商；送学生一百廿人出洋，按照工程支配，六十人速成回来布置，六十人专门回来当技师。自铸铁，以利国之铁、中兴之煤，其利不可胜算，通过。部长、议长均重视此两案，即送部，京各报登全案。总理赵秉钧派秘书长至会，谈此事之必行。后国民党二次革命，刘部长去职，张四先生（张謇）长部，即以棉铁政策为号召，亦未实现也。三案为资送学生出洋学习小工艺，以资借镜，而兴实业，通过。当时学生均学法政或矿，其他均缺，所以提出得通过也。华、蔡二君均通过各一案，共计此会通过廿七案，锡人有五案，亦不负此行，不辱推选矣。工商会议后有报告录，全案载入。开会、闭会摄影，连同报告，分送各会员。

闭会后，游各处名胜、颐和园、古物陈列所。各宫殿建筑伟大，祈年殿尤高，前未见者，意想不到昔日已有如此巨大工程也。袁总统未去见，即与同乡叙别。至津，在公兴存遇到王尧臣先生，长谈，知有他就意，在华兴空闲，难望发展，当知其意。余与鄂生叔坐津车先回南，即晚至济。路中食物甚贱，二角一只鸡，甚肥大，一元牛肉有五六斤。三天自备伙食，未满三元。济住十王殿中和，主人曾为典史，极周到。陪游各处，大明湖、趵突泉均游，觉得简单俭朴。后二年去，新气充满，大不同矣。次日至徐州，无甚可看，住车中，直至南京。回厂已九月中，此行心胸为之稍开。

秋间，所拟之《无锡之将来》①，请椿年先生修正文字后，印行千册，一时销完。

意欲扩充纺纱机，苦无资本，而所拟方法，仍欲借资。至申，商兄同意，非添机如茂新法，不能发展。遇电气友人俞金荣，云彼有信息，德国霭益奇厂将派推销员至申，爱杀理司厂亦有人来，"待我见到，有机会通知"。

浦文汀兄弟，亦有创米厂思想，浦文渭熟手也。余不主张造打米厂，做过无利，宜做面粉。王先生赞成，兄亦同。决从租地、租屋、欠机，由小至大，方针既定，至十一月，定名"福新"。余与兄各出一万元，浦氏兄弟出一万二千元，王出八千元，合成四万元。托人向郑培之租地，并建屋出租。推选职务，兄为总经理，请尧臣为经理，浦文渭副之，文汀兼麦办，余为公正董事，因无暇兼职也。函津请尧臣回锡，十二月接手进行。

振新事，霭益奇及爱杀理司经理均到申，叙谈之后，极合彼意，开出条件合理，决计添之。回厂商之董事，不添资可行，各人均无财力。余因曾为茂新冒险添机，解除困难，今天天有利，大局转安，振新必须加添机器，减轻开支，解除困苦，为此用最新最省计划，添锭一万八千只，脱而宾发动一千三百五十启

---

① 《无锡之将来》，以乐观子为笔名，一九一四年八月由无锡锡成印刷公司刊印，无锡市图书馆有藏本。

罗瓦特，每部细纱机独用小马达，连用于老机之大马达，共计英金一万零五百镑，纱锭共计英金三万三千二百五十镑。当时，每镑约计十元。上海码头交货，六个月交货，先付一成，其余九成，每三个月交一成，约至四年十月交齐，十二月初五签字。晚间九时正，请外交部参事施君（翰香老先生之子），顺道进京，正上大菜，忽闻栈中起火，急往救视，已不可收拾，抢出花衣不多。其时正堆满，有值十万元之花纱，只保险四万。拍卖火烧栈底，挽回两万，损失四万元。设先一日失慎，此字不签矣。新厂基本在南面，栈房烧去，即计划在此，请西人马勒打样，南面备作后添。

本年，无庄往来。茂新营业，至年余十二万八千两，付还各欠，尚余数万。明年，付与股东六万元，作为还清股本。后来，有余分，有薄利亦分。振新本余十万元，除去失火，收回只余六万元。福新一厂决定后，定美机二百筒宽，装齐出货一千二百包，筹划建筑。

是年，余兴致甚旺，至乡或在厂，与吉人叔、鄂生叔计划社会事业，决定在东山购地植梅，为梅园起点。

明年二月，先种一千三百棵于中段天心台一带。竞化、决添二校于河埒口蒋宅，化新即其后也。公益两等，已有考入南菁中学者。小学决添于徐巷，资助他校，不止一处。拟开马路，明年实行。拟办图书馆，次年买书，至五年开幕，藏书九万余卷。分头进行，颇有朝气。马路进行手续，由蒋遇春去办，实行时亦有彼主持，办理招工，限七日完工，所有土方费归余担任。乡人不明大利，反对者多。因是禀县呈省批准动工，然乡人尚多怨骂者。不数年后，全路完工，加铺石面，至今无人不称便利矣。

民国二年（公元一九一三年）癸丑　三十九岁

茂新照常，营业颇佳，牌子最好，已比老牌升至二分，处处乐用。上年得诀，在进高麦。本年仍本此意，在申买川麦。"兵船牌"经此两年，从此立住脚地。后来发展，皆用此牌，占利不少。

振新出数，立定卅二件，用花仍轻，开支仍省，牌子尤佳。同人齐心出力，添机资本亦不为忧。图样出来，招工建筑，造价以俞锦棠最少，以一万元包定，自办料，至八月完工，共享六万余元。月月备还机款，建筑由茂新借用。外面不知，茂新月月有余也。茂新方面，则专心计划用电设备，引擎改电气，炉子仍用老烟囱，事事从省算下手。

图书馆已开首买书，先在上海买《图书集成》一部，一万卷；各种诗文集，万余卷。以后无法下手，邓君傅若由湖北张望屺处回来，略明目录之学，为余云："先看《书目答问》，即明经、史、子、集，依目购办，自有头绪。"余即从此旨办书，鄂生先生在城看收，吉人先生在校收理。如此者三年，收集已五万卷，并联络书店，如遇未有藏本者，必购之。于是，书贩陆续取来。然外人不明此意，以为粉厂要如许书籍何用，不知购存为大众计也。时县图书馆亦发起创立。

从本年起，学校添办，公益已由一至四，竞化亦由一至四。梅园尽力扩充，先后购地，计山粮一百五十亩，数年种梅三千株，其他花木，四时不谢。时自城至乡，已有开原马路，不一小时，可达园中矣。

夏间，德商霭益奇派来工程师，查看底脚已妥，机到即装。

工程师朴克，德人也，其夫人为法人，和蔼文雅，夫妇谦和，望之钦仰。半年中，未见高声疾呼，分寸恰好。夫至工厂，妻不前去，去亦不讲话，恐分心也。彼能英语，鄂叔通释，谈谈甚恰。对接手人慎之又慎，备接手人屠阿兴，切实指点，卒至能开机，半年如一日，颇佩其人格。八月后，纱机亦到，房屋大体完工，开始装机，以杨春荣、沈阿虎、刘阿荣为工头，引擎屠阿大，电机屠阿兴。阿大为领袖，老成可靠，事事放心。

宋案（即宋教仁遇刺案）起，国民党二次革命，银根尤紧，调度不易，幸粉销好，尚不停顿。亲闻制造局大炮之声，火光不绝，南败北胜，袁之大权日增。

十月后，电机、纱机到齐，将装就，车中遇兰舫先生，问："外传添机有否？"答："已装就。"问："房屋在何处？"答："新建钢骨水泥，新式打样，动力用电机，自发动，独只马达。"问："共需费几何？"答："约五十万。"云："甚便宜，未闻招股，何来资本？"答："欠来，股东仍为老股东。"彼云："我久有此心缘，未能办者，今尔已先办，我明日同开福来看。"此人英籍，纱织专家，怡和纱厂工程师也。次日果来，一一看过，颇赞赏。谓："日本、中国以此为初创，只英有每部车单独马达运转也。"问："何时开齐？"答："明年正月。"他云："那时我再来。"即辞去。我将纱机装齐试好，逐部开。用电机省煤，三万锭只用廿三吨，连拖茂新共廿七吨。

茂新定第二副四百筒，明年装齐。夏间，福新一厂装齐，余派孙阿关等帮助，并代开户往来，出粉粉色，安排相同。俾新厂与老厂无异，办麦亦同。当心人力，整齐做事，不外行，颇觉灵巧，实时有利。福新二厂亦然。盖福二租用中兴，由钱少伯等说成，以丁梓仁为经理。夏初开办，余派人帮助修整，出数及粉色试灵，与茂新相同，每日可出二千包，集股三万元，立时成就。瑞馨再三欲加入股未着，颇不快，知众人皆有避彼之意也。面粉方面，申有工厂，是年为始。

到年皆盈，茂新更好，与上年相仿。振新老机亦余。商业如此，学校、社会事业，色色布置，过年气象一新。

朴克装机完毕辞去，试灵，郑重道别，绝无工人气。

本乡改乡董制，余扇董至此脱肩。

民国三年（公元一九一四年）甲寅 四十岁

是年，六女漱仁生。

茂新照开，春添第二副机，已用大马达，合轻成本，其他一切旧式机器拆去，每日共出粉五千包，修理机应有尽有。

振新装齐，全开三万锭，常出七十余件，开支扯轻，连官利不满廿元，经理与职员薪水共四百廿元，只用卅三人，每日可余六百元。十一日，兰舫先生与英人开福来参观，已全厂全用电力，别开生面，有一种新式整齐气概，不若公益纱厂、怡和纱厂之老式样，开福赞美不止。兰舫先生素不服人，至此似觉心服，但云："我国人也得如此！"于是，到处揄扬。开福友谊有加，后申新三厂设立，托彼办机装运，得力不少。

二月后，茂新添蚌埠、济南、济宁等处麦庄。余由济而津，回来时，晤苗杏村于济南。时商埠初开，人心振作，与元年来此情形不同，钦佩山东人士兴业之速也。余因之而对于粉厂亦有分设内地之意，先在济宁购地，并拟在济南购地兴业，但不欲在商场内租地，其后购在十王殿界外两路之中。

时福一营业好，决添三厂，福二租中兴，后买下。是时，申有福一、二、三。

振新开三万锭子，利益已稳，计划欲添二万，遂购厂对岸地八亩为栈房，取其谨慎也。

是时，梅园开辟，初有规模。建香、雪、海屋三间，凿涌水处为泉，得一砚，上有"文光射斗"四字，即取名"砚泉"，请艺三先生书篆焉。建议由荣巷西街起，筑路至梅园，先成土方，乡人乐于从事，因坐车可快，至西街下车，步行较苦也。

图书馆已购书至五万余卷，购地二亩八分，留建筑女校基地外，划出建馆。次年动工，造新式房屋四十方、二进，能藏书二十万卷。祠西亦建三课堂及先生住屋，东西共开五课堂，并作十周纪念，辟大操场，吉人先生计划为多，本乡学务为中心也。开会时各乡参加，余撰一联云："二校六百生，生生不息；十周一纪念，念念在兹。"后来，廿周、卅周皆用此句，惟校数、生数改之。

秋间，至郑州，住金台旅馆最后一间，招绘图房常州人看定下站西首空地四十余亩，拟日后作厂基及栈房之用，讲定连费每亩四十三元，约共二千元。回来商董事会，未能通过而止。

申锡气象已大，董事会目光不远。还款将半，欠款轻松。瑞馨已有异心，余不知也。见渠联络各董事，时时请客。至秋，忽谓余太忙，总经理让某某，改余为厂经理。余觉有异，不敢说，尚有巨款，负重任，须赚下还清为是。永达等心中不满，即予戒劝。后董事会有调去永达、昆生之说，余见二人无不是之处，却之再三，似有意见，董事会已露瑞馨联络不相干人，有取代之意。余说明，欲造振新厂四所：二厂在申，三厂在宁，四厂在郑。董事会闻之大骇，谓："若此，即赚钱，股东永无希望拿得现钱。"余谓："要拿大钱，所以要大量生产，照三万锭，能赚几何？"彼时，内地无过三万者，所以看得大。余料爱杀理司远东经理口气，照我所做，深得彼交易信用，一次还清，欠二次、三次，决能办到，所以如此先定计划也。

余每晚必看书至十时后，各人苦之，总管吴炳奎尤不安。彼时时偷闲，出外应酬，我不离账房，彼必陪我闲谈。其时十月间，云："有世家女子，一时中落，父母已故，愿作侧室。"余闻甚合，托人说允，于十一月初三日进宅。

是年，茂新余十二万两。振新余廿万元，付官息，未分余，还机款。茂新亦同。福一、二、三均有余。名誉日起，做事较易，思想宽大，义务亦增，得政府奖给匾额一方。政府预算出入，余二千万，事事上正轨，人民安乐，到处行走，无意外风险。人民企业心不少，各省皆然。余已自有主张，逐步进行，兄意亦同。选用同事，取勤俭练达，初无恶习气。虽各厂均余，尚觉安然，无争执之象。惟振新董事会，已知难合作矣。

民国四年（公元一九一五年）乙卯　四十一岁

茂新、振新照常工作，申福一、二、三厂亦然。将开业布置舒齐，有刘葆良太史，陪同年汤寿潜来锡一游。时汤君方由浙路局长卸事，因政府送解散费，气闷出游，以解烦恼。住茂新，陪游梅园。时规模粗成，树小石黄，不堪邀客，而渠甚为赞许，谓："大体风景甚好。"是晚，住厂中，下雨不止。艺三先生画梅一枝，题"一宵春雨酿梅花"之句，作手卷，请名流品题。次日天晴，游惠山，汤君取泉水，云："孝敬老太爷。"余钦敬不已，因只知汤君为国是忠臣，而不知于家尚是孝子也。

二月，董事会已露无现金分红不满之意，联络各董事，命查账员唐屏周查账。余候查不能出游，四十天始毕。登报召集股东会，四月初一开会。未开前，董事会降余为副经理，即答云："目前机款未还清，负责尚重，虽命余为小工亦不辞，责任使然也。"乃时知已难合，决辞去另立，惟办事调度照常，赚钱还债，还清卸肩，不患不能再做。近我者均以为然，惟以存客气为主。不知彼方不明此意，以夺到手为目标，料我不肯轻弃。所以，一月之中，联络无谓人及股东，用功夫不少。余目笑之，但知有限公司不可为。

初一开会，近余者不知余意，尚欲补救，余谓"不必"。开会时，查账员应报告而不开口，安排不相干人，但知扰乱人心。余备好辞职信，请通过照行，余退至茂新。后知选出新经理张叔和老先生，随即到余处，云："今日之事，你知方针否？"余答："不知。"云："我之接手，请你帮我做代理。"余大笑，曰："我以代理张云伯始，而代理老先生为终乎？决不可！"却之。连走三次，打恭不起，余云："老先生命我代理错矣，不如向董事会辞职。"彼云："我有道理，君尚拟再创纱厂否？"答："学业初成，如何不做？"他说："对！对！拟设何处？本地乎？"余未答。曰："然则上海无疑。上海我熟，园中地皮掮客，将晚日日叙会，托择合适者买之，七天可有回音。"答："如此甚好，拜托！拜托！候信可也。"彼云："无此省事，要互助交换，君为我代理振新，至董事会物色得人为止。且你们既然不合，是否各做或归并，我可做中间人。"是语甚合我意。又曰："吃花酒，我要跟瑞馨，荐胜；做生意，要跟你，稳可赚钱。君创新局，我必入股，不可却我。"

到申后，至十一日信来，荐一意国人捐客，名雪尔佛尼多者，有程、殷两君办织呢轧油厂未成，押入教堂没下，愿收原价四万一千两，不折不扣。余即往申观之，步见可装一万二千锭，与兄共商买地进行办法，均洽，决定买下，十七日付定洋，约日交割，心中颇合。同日，又同爱杀理司经理同去细看，改用极合。公事房、物料间在十八间，马达装引擎间，栈房设油厂内。若此计划，无需添屋。当时，复步可装一万二千锭，决定请开账速行。彼云："荣先生，我到中国，未遇如先生者。勿必开账，发一电报至英国厂中，装现货来，四个月交清，连原清单收款。"余亦信之，即此定规，并云："我对他处，不肯如此。湖南四万锭，至今尚未开箱，实为不快。与君交易，已为二次，厂中乐闻也。"

至八月货到，装至十月开车。未到前，将一切地事屋宇配备齐全，布置舒齐。股本定卅万元，分二次收。余兄弟占六成，张叔和附股二成，潘调卿一成，华卫中、荣永达、惠卿、陆辅臣、严裕昆等各若干，余户要者，已无应矣。十月初一开工，本余为经理，因不能住厂，让推惠卿经理，永达副之，裕昆总管，昆生收花，兄为总经理，刘阿荣为工头。试灵，出纱三十件，每月能余万元。

振新将股份割让，作一百五十元互换，粉厂股五百二十五两，振新归瑞馨管，余三万元仍留，茂新全归余管，全数换清，各事交割，尚欠万元，约十余日归还。

锡事较少，与艺三先生同赴京看开会。回来至济小住，杨味云先生任财政厅，同乡熟人不少，许彝庭、严尧卿、孙荫午、周季梅、顾麈农等均在厅，林虎侯在外差，张晋阶办盐务扩大等运使。苗杏村亦正合办粉厂，名惠丰。商场初开，已整理矣。沿路改观，蚌埠尤甚。回厂已十余日，岂知一万元交不出，迟迟失约，至不还而止。

是年，茂新仍余十二万，福一、二、三皆余。申新余二万余元，未分，机到齐，股收足，付机款十七万余两，连地卅万元，调度裕如。

时巴尔干战端起，半年息战。云南起义，反对君主，各省独立，牵动市面，我全局照做。是年夏，筹安会起。十月十六，洪宪登基八十三天。

梅园楠木厅上梁，及建天心台、东西轩、荷轩等。公益校址，亦动工建筑。

福二决添四厂，可出四千包。附近垃圾堆已收下，每亩价一千四五百两，已收至四十余亩，沿河一百廿丈，颇阔大整齐，为苏州河之冠。余地后让与申九，大发展胎伏于此时。战时适在中心，避免风险。

民国五年（公元一九一六年） 丙辰 四十二岁

四子毅仁生。

茂新照开。至同和，与吴、方二君谈谈，彼云："你们粉厂何以年年赚？我处惠元停工赔利，可以教我否？"我云："我开钱庄关门，你可教我复开否？"彼此互笑。彼云："便宜点租与你，只合利息可也。"问："真否？"他云："明日答复，问过董事即真。"次日允租出，租金每年二万元，改名茂新二厂，整理开车，由一千六百包加增至二千包，月月有利。

袁退位，冯任总统，市面安定。申集议在汉设五厂，集股卅万，购地在硚口，即日招工建筑，兄为总经理。福新一、二、三、四均开，有利，故兴致好。少棠在汉办麦，余因汉口厂面粉不能吃，多石沙也，如设厂改良，营业必佳。余意湖北、河南、山东皆须分厂，以占地位。即与华栋臣兄以出游为名，经开封、郑州、新乡，看茂新分厂厂基，已托人租定车站边地，拟设厂。小清河水清，道口办麦近，即往道口一游，认为合宜，已禀部立案购机。正进行间，被该省绅士王君禀部立案，并专利，使我不能造厂。后至京，与部员商量，俱云："可向平政院起诉。"余意不可，明知可胜，人地不宜，营业必败。后改为山东济南，提前建设，买地决定十王殿，是为茂四。南行至汉，看硚口建筑填基，见墙脚太浅，电申，与工头交涉加固，至七年完成。

时欧战已起，对外停顿，汇票稍长，外贵内贱。无战时经验，余认为可放手做纱、粉，必需品也。

学校添创公益第二，在梅园；第三在大渲，第四设上虞巷荣文卿家。又设竞化分校在徐巷，租贾茂青家；竞化四校在吴大城。时图书馆屋已建好，择日开馆，取名"大公"，已购书九万余卷。开幕之日，甚为热闹，创举也。

余著有《理财刍议》[①]，印二百本，分送各省，以北京来取尤多，以说明币制为主。余留心社会经济，而主多立工厂，推至省用、国用，而至世界经济之竞争，尤以自立生存、对外相等为比较。于是，国人皆以"大实业家"目之。然余谦

---

① 《理财刍议》，署名乐农氏、荣恩庵，一九一六年十月无锡锡成印刷公司印行，无锡市图书馆有藏本。

隐如前，毫不自夸，勤俭不改，事事亲手为之，稍熟者有推崇之意。

振新自归瑞馨经管之后，出数少，出品次，售价小，开支大，月月亏折，心有悔意。托叶君来说，欲言归于好，股份换正，仍归余管，当却之。有坏主张者，将账册送入商会，以匿账未清算为恐吓，不换即起诉。余不理，即正式在县政府起诉。知县杨畦九偏听商会诸人之言，即受理传讯，方知内容，草草断结，使我上诉。即上诉高厅，延沈楚青等律师辩护，屡次出庭。至民国七年，前途知必遭败诉，已无挽回，于是，请刘柏生出来和解了之。其中延长，因为电力关系，亟待补救。

申新惠卿故，以永达为经理。泰隆亦来议出租，以冯屺怀为经理。二年后，原主孙姓收回自办。

十月，长女于归李国伟，世家子，唐山土木科毕业生，知为大器，不论家况也。

申新至年余十一万余元。福一、二、三、四均余，同业均不甚佳，牌子、进麦、开支不同也。茂一、二尤好，到年余十六万八千元。

"梅园"二字为余自书，"洗心泉"亦同。园中并物色假山奇石，一即米襄阳拜石也，八十一孔，大可容拳，小仅纳指，验之不差。天心台边，开河建桥，名"野桥"。西建"揖蠡"，东建"荷轩"，西北一带建"留月村"，北建"招鹤亭"，驳路四通，游人不绝，开西乡之新游处。正厅名"诵幽堂"，取《诗经·豳风·七月》章，余自拟也。乞李梅庵书匾，邑人孙寒崖有赠联云"七十二峰青未断，万八千株芳不孤"，为一时传诵。其余时流硕彦，赠句甚多。南海康有为来游，为书"香海"二字，并志一匾之伪①。厅事四壁，砌以碑帖，大都为孔氏之"玉虹楼"。大红枫一棵，来自苏州，百夫移植，种已逾抱。石之大者，名"嘘云"，高可二丈。梅之贵者，有"骨裹红"与"重台"。外国花之贵种，如黄、绿、紫之双台樱花，均当日所加意物色而得者也。

民国六年（公元一九一七年） 丁巳 四十三岁

七女辑芙生。

茂新及所租惠元均开。申新，福新一、二、三、四照开。

元宵后，至同和，吴、方二君又说笑话："厂租与你，大赚钱，要分点来。"余说："可，但交还你，即勿赚。不信，看振新如何？"彼云："你买去，将余利交我可乎？"余说："可。"他说："真否？"余然之。于是，正式谈判，彼即问董事，云："决脱，股份十六万，照票面可也。"后经商会经手交割，正式改为茂二，门外墙上所砌厂名，余所书也。

余有意建纱厂，此时已欧战，爰杀理司经理已故。申新一厂无法添锭，只物色到二部旧货。生意转佳，月月大赚，不肯抛售故也。于是，先行购地，托温君在西门茂新附近，以"大新"名义购地。至申，闻恒昌源亦有出售意，惟余意在锡，力言"旧机不合"，兄云"地好"。余言："仅地好无益，制造尚不如地偏而机新，立时可造，自成一局，在锡为佳。"至三月间，仍谈成，四十万元，有纱锭九千二百只，地廿七亩。屋破机旧，

---

① 康有为游梅园事在一九一九年农历八月。题匾手书原件现存南京博物院，全文如下："香海，己未八月游梅园，南海康有为题。旧伪吾书作香雪海，甚劣，为补书，去"雪"字。名园自合称香海，伪字如何冒老夫？为谢主人濡大笔，且留佳语证真吾。梅园主人荣君德生，以五十金请人觅吾书吞雪海，吾来视，非吾书。乃补写，题诗，更姓。"

后来吃苦不少。余不违兄意，入股四成，是为申新二厂。请丁梓仁为经理，不久丁君知难而退。历换经理之多，以此厂为最。

又租华兴面粉厂，为福新六厂，以查仲康为经理。此时，昔年相从老友，都为经理。少棠在汉办麦，亦兼福五经理矣。

正月，二女于归蒋潏卿，仲怀四子也，旋入茂二为副经理。

夏初，有人欲将宝新粉厂转租与我，再三商量，允租二年，延月泉兄为经理。月泉曾任交通部电政督办、电政司司长、陇海路总收支等职，宦游虽久，清廉无钱。余先知其有弃仕之意，遂聘为经理。余并将己股之余利让与，亏则由余独负，故乃欣然出就，并由余及陆君辅臣相助改良，由一千五百余包增至二千以上，月月有余。该厂原为张觐衔所转租，遂谓余曰：“此财只派你发，小麦多做点，分润分润。”二年到期后，被大丰陆维镛买去，计十三万八千元。最后，以四万余元售与冯屺怀，拆赴蚌埠。斯时，无锡共有面粉厂五家，除九丰外，均归我办。时正欧战，粉销不患不畅，但粉价维持平稳，以原料核计，不求厚利也。

至年，各厂均有余。申一余四十万，申二微余，福一、二、三、四均余，福五则尚未完工，福六小有利，因人手未齐耳。

茂一急办引擎，料振新讼事终结，必割电力。于是，商由慎昌电美，特别通过，许装出口，计引擎五百匹马力，炉子全，至民七年装完。后来仍用申三电，该机遂让与福五。一出入，吃亏不少也。

是年过年，兴致高，梅园、学校皆进步，马路修筑加石片，桥加阔加固，为新市场气象。游人至乡，山清水秀。久伏城市中者，心目中豁然。

民国七年（公元一九一八年）　戊午　四十四岁

八女毅珍生。

茂一、二、三、四均照开，利益稳。申新一、二照常，申一利优，申二利薄，议添机一万，物色中。福一、二、三、四照开。

当选省议员，得五等嘉禾章，办实业奖励。先是钱君琳叔到商会，约余谈话，云：二届省议会即要初选，有心省政人士，欲物色文学、经济、实业正方人士五十名，余亦在内。答"无意于此，兴致正在工厂实业，不宜分心"为辞。不数日，又来云："决不可辞，实业方面人少，不妨推一帮助者同去。"余推鄂生先生出面竞选，余为后盾，初选均落选，复选四面有友帮助，各以二十票当选。是年，本邑选出独多，有薛育津、钱湘伯、蔡君植、华调甫、杨济如、周肇甫等。吴建昌当选即故，未及到会。候补吴侍梅、朱云泉，第六次开会补入。

是年九月初六日开会，行开会式。鄂生叔因父故，翌日即回籍。后递补吴建昌缺者，为靖江范君，本选时退让，不料即补也。议长竞选颇烈，分江南、北两派，钱强斋当选议长，孙敬人副之。余为预算审查，决算亦审查。曾提案，以资送学生出洋学小工艺，最得力，通过。屡向实业厅催办，始识张君翼后，亦正方人也。各县同席，均知余办实业，纷谈设施之况，然有毅力者少。既至省会，方知省中提出议案，均是琐屑无补，只一预算，稍以范围省中用度耳，与余意动即属全国者不同。至对外，则时正欧战，无从说起也。

是年，福二失慎，改为公事房，在旁改建七楼大厂，每日出一万五千包，一切建筑阔大，处处有利，眼光放大，购地见方，沿河有八十丈，与旗昌源油厂齐。过去即是阜丰，西过东京路，即是内外第五纱厂。沿苏州河，以此厂占地为最佳。后面仍在收地，至澳门路，即今之申九。申一扩充地皮，加添布机，以做袋布。欲添纱机，无买处。后穆藕初添得美机，亦定二万五千，滞滞方到。申二定到英机一万，先将老机拆散，坐守新机到达，大失机会。无锡本取名"大新"，购地迟迟，未得完善。有英机一万五千，欲购，苦无装处，且无动力，被天津人买去。

是年，福五完工开机，国伟入厂。余去见小麦多石沙，命雇工拣出，以顾牌子，取其优胜。后来得力于此，比他牌多卖一角，年年有利，并为申厂兼代办麦。茂二议添美机一副，两共四千袋，接长厂屋，加添栈房。

是年，茂一、二、三、四厂均有盈。福一、三有利，四尚好，二则无利。申一余八十万，申二无利，因拆机故也。福六利薄，因人手未熟耳。茂一引擎已装好。振新讼事，由刘柏生从中劝说了结，将大马达作讼事损失，补偿振新，营业转机，想起前人之添机不差，换回思想已无，辩论终止，不和必败，亦要赔损失也。然电已割断，幸得自开引擎，果为预料所及也。

是岁正月十七日，父亲七十阴寿。元宵夜，见神灯万盏，照耀如白昼，余意湖边日后当大兴之兆也。

民国八年（公元一九一九年）己未 四十五岁

五子研曾生。

茂新三、四租期到，均未续租，一为原主收回，一为大丰买去。

　　春、秋，至宁开会。决建申三，加快买地。至秋，欧战停，在法凡尔赛讲和签字。斯时，请月泉兄至英，函托英友开福，配备一切，定到好华特纱机三万锭，计十万零八千镑，汇去三万镑，以五先令八便士结价。电机托德国霭益奇厂朴克，渠回答："无货，不能装出，条约未妥，势难照前办理。"转向美国购发电机一千六百启罗瓦特两副，家志惠监造，马达由英配备，每机一只，装箱运回，均由怡和洋行担任。一切备齐，月泉兄即赴法参加人民外交。政府派施、颜、顾三公使为主，梁、汪、胡诸先生为人民领袖。各国以美为领袖，威尔逊有仗义之言。结果和约成，德赔款一千二百万万马克，四厘息，卅年分还。未还清前，军队看守实业。一不许养军，一不许铸军火，一出品抽值百卅分，德人一一签字。早知此约太过，日后不妥，后开华府会议，补救无效。月泉兄由政府派为劳工代表列席，因丁忧急由美回国。

　　购地方面，再三不妥，由薛南溟先生让出工艺传习所等地沿河十八亩。反对者四面买地，阻碍进行，然均一一购底于成。集股一百五十万元，分三期收，每期五十万元，余为主动。招工建筑，俞锦棠包工，自办料，事事省俭。以华昌买来之平屋为办事处，以粉厂厂屋为公事房，造桥联络，三面地筑路通大路，规划便利。

　　茂新二添机，合为五千包，与茂一、三共日出万包。福一、三共出五千包，福五三千包。福六买下，正式自产，日出三千余包，惟屋小机老，占利不多。福添七厂，买德产波尔文洋栈打包厂十八亩，定机，造屋八层。工部局特别会议，议决许出样建筑，底脚先开深打桩，上盖极厚满堂三和土，一切栈房仍旧。集股三十万元，余与兄各占三成，尧臣兄弟各占二成。成立后，以禹卿为经理。因各友均任经理，专以待之。尧臣为驻厂经理，张春霖副之，余为公正董事，买麦为浦文汀。造成成本，计一百十七万两，每日出粉一万八千包。于是，福白司竞争，必欲以最好机造于二厂，再三计划，允之，即为八厂。造一年余，实未添本。

茂新决添苞米粉厂，为茂三，附入二厂，不添本，一年后成。

申一添美锭二万五千，布机四百台，织粉袋布自用，为数甚大也。新老机并入一处，新建合式厂屋，规模已大，管理稍难。职员已生二心，余已知，不便说穿。轧数已明，混于布轻袋次，只能糊涂。然事业之大，亦由此而成，新老机共为三万八千锭。

申二抛纱四千件与边文锦，二百廿八两，买进棉花每担廿八两，计算每件可余一百两，计四十万两。因出数无纱不解，花由毛鉴清反悔结磅，花价加大，两相比较，成本合大。及至出货，只买见一百六十八两，未有余利。申二添美机，与老机分装，厂房未打样，不甚合，至今苦之。新老机共为三万四千锭，不听余言，硬干无利，然成本已大矣。

福五正式开，月泉兄回来，结束宝新事，分与五万余元，入股福五，转任经理，以少棠为批发处经理，国伟为厂长。余又至汉，看拣石沙尚未停，来麦石沙已略少，皆常常劝说之功。

九月后，省会开会，议及下关建电灯厂，已否决。余挽回，复议决可行，使黑暗之老厂，由单厂长用权力发为光明，人人赞美。省长见实业议员之功，金君尤甚。后凡建设，每必预闻。实业厅长张君亦常叙，然限于经费预算，一事无成，于是，专心本业。心思之多，做事之巨，以本年为最。

福新各厂均盈，茂新一、二尤佳。申一余百万，皆用于添机。申二微，等于停顿，拆机未复，添机已巨，欠款已不少。

议建总公司，余托人向盐务署买新开河地二亩一分余，以其风水好。兄因电话不便，再买江西路二亩八分，建筑总公司，款由各厂分担。

是年，公益工商中学建筑已完，聘胡雨人为校长，请教员，招生一百名，实收八十名，开工商两班。中有商店、银行，为商科练习；有工厂，为工科实习。校额为余书，并书校训，为"和平耐劳"。建筑、设备共十万元，基金九六公债五十万元，六厘计息，每年三万元，以保开支。学校至此，自幼稚生入校，直至高中分科毕业，荐入工厂或商店就业。至今，各班毕业生蜚声于工商界者，颇不乏人，果不负种瓜得瓜之一番苦心也。

茂、福新粉销之广，尝至伦敦，各处出粉之多，无出其上，至是有称以"大王"者。自维愧悚，不足当此盛名，仍思力谋扩充，造福人群。此点于美国杂志上曾有记载。

然细思申一为争气而创，申二为地段好，该处一带以我为最多，次为日厂。申三为余在锡设厂之初衷，至此，纱锭亦已在三万锭以上。各厂之陆续添设，既无大资本，更未尝依赖人，完全余与兄同心合力，靠思想勤劳耐苦，一味专心事业，为社会造福，非为自己享福。一切待遇，与同事工人共甘苦，所以无不敬服。即人有误错，如小出入，每多原谅，处处以放开心胸，放大眼界，俾底于成。延请教员，专托吉人先生，亦勤苦耐劳，以物色良师为目标。鄂生叔则于社会事业，分任助余。建筑方面，请得朱梅春，为工匠中难得之才。其余琐屑之事，贾茂青亦助埋不少。梅园中，已建"乐农别墅"，加添泉石、盆花、花房，中外花木杂陈。一年统计，纳税于国家者不少，资助于社会及学校者亦多。至此，而信外国培植人才、专心实业之效如此。

是年，鸿元、鸿增高小毕业，转入交大中学预科，至十六年大学毕业，由华卫中送去，年幼出外，似有难色。

霞飞路尚未取名，但见农田荒草，不知有今日之繁盛也。至廿七年夏避居沪上，四出觅地，以贝当路一带为佳，买得高恩路地七亩半，建屋居焉。

民国九年（公元一九二〇年） 庚申 四十六岁

九女墨珍生。

各厂照开。申三正在建筑中，尚未完工。

春、秋，省会照开。徐总统登位，余以本省代表及实业会议代表至京，鄂生先生同往。

是年禁烟，买尽印土一千三百箱，烧之。余为监烧委员之一，系张季直领衔，电京批准。当时，政府确具最大决心，不料至今尚未禁绝。

是年，南洋大学募建图书馆，余兄弟捐资万元，纪念先君，立铜像于馆中，余并买书捐入。

福七建成出粉，规模甚大，为各厂之冠。八厂亦完成，厂屋无七厂高大，机则优胜，出数最多，沿河栈房，外观整齐。

申三电机亦续到，电机间房屋已完。慎昌派来工程师，名白郎，一看之下，即云"不合"，须重改造。余力争坚固，可以排机。渠不允，费时许多，并向美国添购备件，至年终而完工。纱机英国有到，不能开。正心焦间，在火车中遇谢绳祖，云：

"有人原定美锭二万，将到，肯出让，价每锭卅八元，以汇率一百六十五元合一百两计算，尚合轻。"余至申，与兄商酌买下，兄允可。由申接洽，先云"三月可到"，后云"五月"，最后签合同时云"八月到齐"，定下滞滞不到。育津过美，顺便调查，悉罗惠尔厂中签出合同，为廿八个月交齐。明知上当，价尚合轻。到下时，美金大缩，只六十元左右，成本大增。英机因工人罢工，至九年冬始亦续到，金镑价吃亏。同时，花涨纱跌，已无余利。装至年将齐，各处房屋造完，大厂全水泥钢骨，包工自办料，合银元廿三万元，与开标相比，便宜十五万元。马勒打样师不信，后查果然。再添英布机五百台。至造完，共有纱锭五万枚，布机五百台，电机三千二百启罗瓦特，轧花机八十台，规模为内地无二，同业侧目。布置就绪，先行试车，至年试好。

至申，与申新部分、福新部分叙谈，申厂事不能兼顾，只任公正董事。有纷争，归余劝解，不取董事费。申总经理费，全归兄收入。无锡面粉盈余利息，总经理收入，照规定分派，麦灰作酬劳。分与吾兄弟者，另立学记，助入公益中学，每年共有万余。余为德学记自出，至十九年而止。以有蜚语，余收下转申，不取帮助。后兄仍有意办学，另行立养成所，沈泮元为主任，每年贴费七八千元。毕业后派各厂录用，颇得力，争相邀请。

是年，茂一、二大有利，茂四尚在建筑。福新一、二、三、四、五、六、七均有余，福八在建筑中。申一大余一百十万，申二无利，身重难周转，办法不合故也。换朱长清为经理，亦未转佳。学校添办各级完全，梅园布置益备，四时游人不绝，马路四通，全乡生色。图书馆备印目录，藏书已逾十万卷。兄又在工商中学校旁购地，拟创农场。余由钱印霞经手，买进蕴藻浜地卅余亩，计三万八千元，预备造粉厂，独自置备。后添买至六十八亩，尚欲再购，世乱无从下手，尚未建筑。后自申三创办，遂致力纺织，无暇及此矣。

民国十年（公元一九二一年） 辛酉 四十七岁

当选国会议员，全省平均为第一，以四十票为本位，余得五十一票。

茂新一、二、三、四照开，福新照开，申一、二照开。申三正式开车，出纱甚好，昔反对人已不及见矣。定美花五千包，甚合轻，拼入本花，品质甚佳。收齐股本，已不甚踊跃，市面已不佳。召开股东会，推兄为总经理，余为经理，鄂生叔副经理，薛明剑纱厂总管，李迪先布厂总管兼总账。布甚佳，到处乐用。

济南茂四建完开工，请张文焕为经理，孙荫午副之，出粉三千余包，粉为各厂之冠。火车上餐室用之，外人亦极赞美，销行京、津甚盛。至此，茂新一至四全开。惟苞米粉既乏原料，去路因风气未开，申销极微，只天津稍有去路，故不久即停，无利。福新一至八全开，战后利薄。英国借口有杂质，禁止入口，请外国律师作呈文无效，化验微有皮屑为主因。实则战时乐用，战后自有粉到，保持权利耳。茂新尚好，因各处设批发，尚有去路。

汉口福五粉销尚佳，因用袋不便，拟设纱厂，先购一万锭。余力劝稍缓，财才两缺，不听。兄已允集股，创申新第四，余未加入。福五资本只卅万元，已做至五千包，皆吃款转运。申四再做，招卅万，实收廿八万左右，不敷甚巨，由申垫出。

斯时，上海交易所风起云涌，业业皆有。纱花发起人征余意见，余力劝至再。成立后，与我权利不纳，面粉交易所亦同。后来共有一百零五种，收歇只剩五种。烟酒交易所主任钱强斋，约余谈此中关系，力劝非彼所宜采取，辞去。周肇甫为黄沙、石子、砖瓦交易所主任，约谈招股，答伊："以何物为标准？以黄沙、石子堆存交货乎？"因而中止。无锡亦有人主办交易所，余力劝，坏市不宜做。当日似乎杀风景，至失败时，均谓幸而未做也。

曾至南通，见各种社会事业。张四先生年六十八，并开"苏社"。次年在扬州，余亦去。苏州亦去。后在无锡，由余主办，于梅园开会，全省人物共集一堂，选余为常区理事。全省十一区，以旧府属为单位。韩省长又创"教实联合会"，余任实业界会员两年。曾条陈令禁红头自来火，因有毒而人服之以自杀也。至今火柴已无红头者，实业厅长张君主办之功。

年终，茂、福新均有余。申一余六十万，市面已现坏象。申二无余，申三余五十万。通市大都亏折，纱价已跌，且为交易所抛出压低，花则抬高。

是年，总公司购地建筑完成，地二亩八分，连建筑共用卅五万左右，由各厂担任，以无锡派得最多。规模阔大，当时办实业有如许，即南通亦不能过。用人既多，耗费日加。进此屋后，从此多事，口舌时现，反不若三洋泾桥为静。金融调度，被人注意。欧战时所得，已扩充于事业中也。

民国十一年（公元一九二二年） 壬戌 四十八岁
六儿纪震生于小除夕，因生时适雷震，故取名。

正月，各厂照开，名震全国，得奖频频，嘉禾章两年已得三等。吉人先生调至总公司庶务主任，大公图书馆馆长由严肖兰接任。公益学校校长胡雨人辞，聘蒋仲怀接任。梅园扩充至浒山，全山开辟，将山顶削平，眼界又放一层，"小罗浮"已觉小矣。家中已添新屋，五间大厅及后楼，茧行拆去不做，改为厨房。西边造一亩半园，有"两宜轩"，对面戏台。竞化两等自建，亦放大，有五教室。祠中亦放大，共为五教室。四年级在祠内，五年级在中学，因地位而改也。

茂新仍一至四，福新仍一至八，申新一至四，均开。惟拖款累累，已为金融界看透，至九月底咸缩手，常欠市款三百万。斯时，常欠者福二、福七、申三、申四，汉口亦要帮助，共想办法。因粉纱均有交易所，市面已被操纵，难于自主，即难获利。金融方面，因受交易所股票失败影响，欧战时所得，大都非扩充事业，即为投机损失。一场春梦，至此而醒。谨慎者格外小心，不肯放款。我厂范围既如此之大，自己力量已用入实业，决非空言可集。于是，托人寻觅押款。十月起，决心要做，迟滞无着，各庄同为着急，与事实更远。余至此，有暇即至申设法，二王先生亦同，因有关系，非设法不可。棉纱部分皆无利，茂、福新虽有微利，无济于事。收缩存货，略为减轻。至十一月，已知实缺二百余万。至十二月廿日，借款成功，签字，人人安心，喜形于色。兄因各庄不帮忙，且有蜚语，决心至大除夕照还，急急跑街先生。跑街先生见面孔已露不急之相，即用好言说："早还，明年有点感情。"廿三照还，透存廿余万。此为余等入实业界第三次风险，即光绪卅四年，民国元年及本年也。

李迪先辞职，厚生纱厂请为经理。蒋汉槎调申二为厂长，朱长清已辞。骆乾伯为申一、二工程师，美国纺织科毕业，后为永安请去。

又是年，与金佐临、张四先生共买田一千二百亩左右于黄浦江附近。余兄弟合买三分之一，分得三百九十亩，有图、有部照。张君出面，金君之力为多，余条陈最先，主动也。该处地位亦宜设工厂，今后必见。

民国十二年（公元一九二三年）癸亥 四十九岁

茂三因原料、销路两缺，遂停工。福新二、八亦不全开，四停工改良，其余纱、粉各厂均照开。申三内部调整，加添余钟祥等一班新人，后请汪孚礼，决心变法。因工头已不如前，沈阿虎等当时不切实于工作，出品稍降。时纱布交易所日日开拍，价涨落靡定，市无把握，纱业大败。

德大纱厂欠款六十万，被债权人以六十万拍去，归钱庄经管，以六十五万售与我处，遂改名申五。余去看，真便宜，老厂一万八千锭，新厂一万锭，尚未开过，请唐纪云、马润生两先生为经理。屡改易，得失无常。纱业至此，除内地厂或有立脚，上海、天津均不振。惟我局则因粉厂小小帮助，尚堪存在，时存竞争心。余因上年金融界露出如此境界，心存紧缩，不敢浪费，力劝各厂整理革新。

申一等亦改良，永达生意见而辞，由严裕昆为经理。布厂尤加注重，出布做袋，占光极巨，机数渐加至六百台。此时，新旧职员不融洽，工人已有异心。防生意不稳，跃跃欲生意外，背后已有人唆使也。风传已有第三国际在沪、汉行事，纱厂已视为险事业。常州纱厂欠银钱业之款，欲将厂拍卖两次，无人过问。大成亦如此。无锡稍稳，然人心浮动，申三仍不免打职员，使余钟祥等不肯入厂。余左右为难，为面子计，留余等休息，一面劝导工人，未露颜色，至后未受大累。否则，至下年不堪矣。

社会事业，急急进行。梅园种树建屋，亭台布置，别墅亦完工。时有名流高人，来园借住，如汪、岑、马皆是。哈同亦乐住甚久，并于其爱俪园中亦建一角，取名焉。马路全铺石片，直通车站。通惠路阔至四丈，路面时加煤屑。图书馆藏书日加。学校，中学已毕业有二班，分送各厂练习；亦有升学后，再入外国游学者，蒋辑等；入银行者，如朱、王、龚诸生。总之，中等实学，归中等实业，学不虚用。至今，校与生均明此理不差。后之办学，除法政、海陆空军之外，均应称事务班，分中、高、大学毕业，随所学而入事业，学用相当，不患无事，不忧无才，合吾国人多之社会事业也。尤以国文、译文为主，附以算、农、工、商、化、声、光、电，总称事务，至后转入大学，始分科，备入外国，认清所学，不走错路。

此时，余已得奖，二等嘉禾章，又二等大绶嘉禾章。教实联合会时往开会，欲设化学工厂，筹不出资本而罢。工程师赵君，常州人，颇有学问经验，后到天津，用其所学之一部分，即见大效。余个人本有意，因曾云"不能放大经济，以误他事耳"。申各厂归兄专管，余不如从前常来去矣。款项出入，锡、济归余，汉归兄。至年，平稳而过，通扯有薄利。

民国十三年（公元一九二四年） 甲子 五十岁

各厂照上年开齐。申二蒋汉槎调总公司，厂经理请顾渊若担任，亏本已至二百万，不允接事，将二百万划入总公司，以轻利息，允之。

常州纱厂创办时，入股两万元，总公司代保运机入厂六千锭。该厂停久，无法料理，拍卖无人问讯，惟有做之一法，拟商余同意，余因人事困难，无法兼顾，辞之。

时花贵纱贱，交易所有人抛纱、收花，花价最高五十两零，纱则一百六十余两。余处由产地收花，勉敷成本。

广东国民党开第一次代表大会后，各地工厂潜伏共产性，人心不安，防不胜防，善用宽宏优容之道，勉强相安。

申三共有男女工人六千，职员一百二三十人。男工之年轻者，易被人利用。又因市面不佳，时时留心花、纱、布之成本，开支减省，勉能维持，申各厂则停歇过半矣。

夏秋间，齐卢政争，上自徐易黎易曹，下自权利攘夺而至战，苏败至白鹤港，数月而和，申锡隔断。

北政府召集实业会议，无锡三人，华叔琴亦在内。余因交易所扰乱太甚，带市单为证，并与章君百熙及二儿尔仁同去。斯时，兵车纷纷，来往客车无一定时间。守至将晚，甫上车，人人谓"不必去"，余不听，午夜至宁，车站阒无一人。问讯，知为拉夫，无人敢出来。自背行李，至鲜鱼巷批发处过夜。

次日，坐津浦车至济南。到厂，张文焕、孙荫午、蔡履陶等均相叙甚欢。数年未到，南北情形大异，北方仍如太平气象。至普利门批发处，正肥桃上市，二角买十只，各吃二只，至今尚觉甜蜜异常。红枣之佳，南方所无。梨与柿亦好。大明湖旁，菜馆清雅舒适，黄河鲤鱼两做亦擅长。泉水之清，各省所无，趵突泉、珍珠泉、黑虎泉为最奇。

各处游览毕，即坐车赴京，住长安街西长安饭店内进二间。黄任之、袁观澜因英国退还庚子赔款开会而来。此事余曾发起，集款作盘费，请郭秉文转请李石曾诸君，向英、法诸国商退还赔款，竟成功，而商保管之法及其用途耳。余至部报到，并交议案：一为保障纱厂营业，一为修整交易所买卖，使其归实在，开会时再三辩论，先败后成，惜乎政局大变，未及实行。

斯时，曹锟选得总统。曹、张起衅，吴、冯战至九门口，几进几退，元气两败。余所抱方针已达，与章百熙及二儿各处游览。战事风声日紧，津浦已不开。九月十八，坐京汉车，沿路过保定，路旁生雪梨接连，已成熟可爱。至彰德，适吴佩孚北上，以居仁堂为办公处，即清慈禧皇太后办公处，无人可到，足见地位之高，权力之盛。十九到汉口，住批发处，见诸君。侧室已避难来汉，一家团叙甚快。月泉兄、少棠兄、国伟婿因余正五十岁，为余吃面，拍照留纪念。

闻齐卢战已由绅士调解，各自退回，厂已开工，即乘怡和鲤门轮船回锡。此船于廿六岁时六月十七坐过九天，尚认识，然已老矣，不久毁于火。到家已十月初，经此一场战争风波，幸锡地小小整理，复为常态。学校照开，茂一、二照开有利，申三复开尚好，惟人心不如前。赴申，沿路所传毁坏至如何云云，其实公物依然，频添几处坟墩而已，伤人不多。申市仍然，工厂亦未停。

十二月廿四，杨宇霆、孙传芳到，齐军退，过锡纷扰，人民逃避一空，城闭。余率全眷坐锡湖轮，预备由湖州转申，连日船不开。至夜，看城中火光烛天，心中悬悬不安，不知烧去何家。每至船头，见空中挂有红灯两盏，心神稍定。廿九将晚，蒋遇春及船上诸人来云："远远有两船，并肩直开，向轮船来，快预备抵抗。"余出去看见果然，惟船中空无人影，或无多人，与船老大说："生火拔锚，如果近来即开行，加速力逃得开。"老大允，预备动轮，诸人云："来船忽不见。"余出看果然，见神船望南，实时开船往湖州。开后，即有人欲围轮筹费，幸得神示早开船。出拖山，风大起，几乎出事。所拖之船，关照切切不可放，平安至大钱口，进口已午后。是日大除夕，在船中过年，略购年糕、花生等物，船中叙谈，忘却逃难中也。余则由钱味青邀吃年晚饭，颇不寂寞。再至岸上，走各街，湖州风俗收店早，满街无灯火，行至城中新辟马路而止。张公桥高大，由此回船。上海方面已知余在湖州，有讯招余至申。于是，女眷由钱君代借得福民医院预住，和平回锡。家中看守均谨慎，一无损失。暗有仙友相助，守人已知，而余未知也。

是年，公益工商中学因工科招生不足，决停开工科。所余学生，转请南京大中桥高工代教完毕，本校则专开商科。至此，仲怀辞职，请钱孙卿先生为校长。未接事前，余自兼，以张杏村为教务主任一年。

民国十四年（公元一九二五年） 乙丑 五十一岁

元旦，坐茂新小轮船，开往长安，预备坐车赴申，与二、三两儿同行。开一日，屡次迷路，至晚请人带路，深晚至石门戴鹿岑家中，胡湘甫陪去，稍坐，仍回船。天微明，开至长安站，上街尚早，店家正开门接路头，余等即进门吃茶点，车到即上车。赴申至梵王渡车站下车，到公司，诸人见到甚欢。即派船放湖，接全眷到申，住申二楼上数日，迁至福二，即中兴老公事房楼上。

余欲自造住宅，与俞锦棠四处看地，价尚可，无邻无风俗，一味洋气，教育不合，久住不相当。住惯乡而聚族守望相助，出入皆知，学校近而朴实。与此相较，决作罢。

二月回家。茂一、二、三照开，申一、二、四、五、三、六均照开，各有微利。战事风潮停，郑谦为省长，本省溧水人，颇好，所以民能安居也。

四月，长子结婚，娶孙荫午三女，石塘湾大族，累代善门，彼此相知俭约者。

有一晚，余在房斩五关消闲，小女与施凤英先生以请门春姑娘为嬉戏，忽大书："吾非门春姑娘，乃主翁老友，派来救护宅门之保护仙静海师也，速请主人来。"余不知，亦不信，但云："不要儿戏，不去。"彼等即请问各人年纪，均对。余去行礼，即书："昔老友同寅，云南修道成仙，现在太行，知友历次下凡，现在有难，特派弟子静海来宅保护，幸勿误会。"如此，方知从前老友友谊，即设香案茶点，详问一切，皆蒙预为指示，恐不深信，点化颇多，明示：仙之来去，风云现状，请来诸仙师尊云莲、云康、文康、李祖及仙客。并书对、书镇邪、书匾额，笔力甚佳。历年指示，不胜枚举，至廿六年逃难而止。惟云：天机不可漏，守口为主。仙师素业医，屡出治病，并熟悉风鉴，常出看地。示我五星捉脉，考验周详，何者为穴、窝、钳、乳、突，一一指点，点错复查，能无误，加奖语。劝余修道，劝坐，能行则喜。余屡蒙考，由四分起，渐加至七分。如欲再加，非从修道起，有慧眼不可，有理气相辅，始能再进。仙师因教导目力，有指点而购者数处，有界载明。有缘无缘，时时示及，不可违天，不能违心，不能害人取利。如能以此助人，代天行道，亦有阴功。并示：凡地有三等，上、中、下，皆有神守，高则四名、三名、二名，中、下则一名，无缘不得乱指，阴谋更不可也。谋则变，有缘易得，神人相助，以福善人，以孝最易得天佑也。

时常州纱厂，创办时入股二万元，总公司代保，运机器入厂，计六千锭，款因厂停久，无法料理，拍卖无人问讯，惟有做之一法。钱君琳叔、于君堇怀、徐君果人，到锡请余帮助，却之。因人事困难，无法兼顾。一再来商，以租厂分拆利益，至了清欠款为度，立租约，先以两年为期。以鄂生先生代经理，吉人先生副之，王式臣总账，余钟祥一班新人去做工厂总管。开齐一万八千锭，不算租息，尚无余，因花贵纱贱。交易所有人抛纱、收花，花价最高五十两零，纱则一百六十余两。余处由产地收花，勉敷成本。

福新一、二、三、四、五、八亦开工。收买兴华制面厂，由中国银行经手，分十年还清，后改福新三、六厂。老六厂机器拆并福一、三，改名福一，将三与六合并名之。茂一照做，二、三被工人加油疏忽，至遭焚毁，茂四照做。茂二建新厂，格外改良，每日可出粉八千包，后又加二千包，每日能出一万包，用马达转动，电力申三放线直达。茂三未复，至今空缺。工人不稳，心存戒备，凡拖重款，均留意。

孙总理在北京逝世，冯、吴内战未了。

是年，平稳过年，各厂均有盈余。二儿尔仁请江太史衡专课国文，荆梦蝶先生教《小学》，时入厂学习纺织。

民国十五年（公元一九二六年） 丙寅 五十二岁

七儿鸿仁生。九月初七，长孙智钧生。十一月，二儿娶媳王氏，王家素业木行，后兼业丝，家世亦好。

正月，各厂照上均开，有利，内容虽有出入，力主不拖款。且因战事已起，北方力弱。汉口福五厂来信，月泉已为工人压制，种种不合理，殊觉难处。上海、无锡均受影响，惟有谨慎小心，立定脚头而已。厂事谨守，社会事业陷于停顿，各地不肯多往来，防生意外，家中有特请之看守人。

民国十六年（公元一九二七年） 丁卯 五十三岁

正月，各厂照开。南京定都，北伐军一路由申、锡而过京，分路北上。商市清淡，交通有阻，工商中学无形停止，小学照开。二儿已在厂实习，认真则工人侧目，同事不敢有为。工业退化，余明知短时只能忍耐。然计划复兴，以此时决定为多。出品退化，牌子跌落，做工者不为怪。初上海募公债，兄言"实业仗政府帮助"，决买百万。

秋间，与钱孙卿先生商酌变通章程，开办"豁然洞读书处"，钱先生为主任，订定课程国文、英算、国术为主，聘请朱梦华先生主教国文，英、算许心鲁，国术侯敬舆。收生廿余名，住于梅园中，早夜但闻读书声。初、高中均缩成二年毕业，考升大学，都取，有留学外国者。

南京政局已固，北伐日见胜利。余时去京见同乡，正议创立"锡金同乡会"，捐出成贤街转角沿街地五亩，更捐资建筑，立碑记其事。蔡子平、俞仲还均主之，最初发起实王启周，然未及见也。

是年，大局已平，茂一、二、四均有利，福新各厂不全开，麦与销路有阻。申一、二、三、四、五、六虽市面为难，通扯不亏。兄与余共商，不可有现钱，还是向添机上走。余主张立银行，部中催实业储蓄，即决组织，并请人。

是年，租办之常州纱厂，至四月两年期满，略有分余，续租两年。恽禹九约余谈出卖，却之，决帮助至还清而止。

是年，四女嫁冀曜，美国密查理大学毕业，系李静涵次子。

民国十七年（公元一九二八年）戊辰　五十四岁

二月十四，二儿长子智明生。

各厂均开，各学校照常。北伐成功，各业转机。储蓄部成立，在锡申三成立分部，收款归余签字，总部由鸿三帮理。鸿元、鸿增补毕业于交通大学，实习纺织。乃时从事整顿，汪孚礼等皆奋发，学生随之实习者不少，气象甚佳。茂四张文焕辞，厂停工。茂一、二开，有余，付茂四四十万元，结平欠款。粉厂总结无利者，只此一个，鞭长莫及，去人外行，调度不合所致。福一、二、三、六、八，均有余，汉福五亦好。申一、二、三、四、五、六，大都有利。多少之间，全属人事耳。出品颇竞争，尤其对外。永安已添新机，号召顾客。吾局各厂加意，工程师厂厂有，均从添机、改良为条陈。经济有余利，有储蓄，不忧无着。凡属申新，个个非革新，即添机。三厂亦动心设计，求其进步。三、六专管，茂一、二同。申各厂由兄请工程师调度。

文牍处亦上条陈，起草《三十周纪念册》。余因尚未实在，不主即办，对锡事所以不详细耳。

第一编　乐农自订行年纪事

余素主实际，不尚空谈，尽力做去，以事实对付竞争。三厂对职员，主教以实习；对工人，主恩威并用，兼顾其自治及子女教养，有出路，待遇适合，平心和气，不加压力，又留心卫生，居住适宜，与学校无异。一经进厂，有不愿他去之概。终日办事与观察，不能兼顾他处矣，心中常存无纺织真知识为虑。

三儿一心在豁然洞读一年，国文进步尚好，有高中三年程度。五婿熊源与侄婿王云程，均拟留学美国学纺织，行有期。余亦命同去，可互相照应。九月，乘轮至美，入罗惠尔大学，毕业得工程师学位。至民国二十一年回来，熊源等早一年先后回国，均在申三任事，得力颇多。从此，出品占优胜，人人乐用。

公益校中请沈泮元为补习教师，教纺织专科，并到厂实习，由汪孚礼带同指导。后各学生多感其功，以师事之。

是年，五女嫁唐熊源，系唐纪云长子，世家也。十月，三女嫁宋美扬，中国银行经理宋汉章次子，家业儒，而转入经济界，有名人物。

是年，以"百桥公司"名义为地方造桥，请贾茂青任其事。

民国十八年（公元一九二九年）己巳 五十五岁

七月十二日，二儿生次子，名智宽。

《茂福申总公司卅周纪念册》出版，余无主张，然亦有用处，采虚声者多也。

申一、二、三、四、五、六、七厂皆开，福一、二、三、四、六、七、八均开，茂一、二开，茂四未定，人才不足。

永安建新机，兄亦欲添新式泼辣脱锭。风声一播，洋行即来兜卖，价格极克己，觅地无合意者，即在申一旁建屋，名八厂。

余见才财两缺，必欲竞争，只可二万锭，多锭不如少锭。查内地一、二万锭者，皆管理易而生利厚，我局锭多利少，人才与资本关系耳。兄不愿示弱于人，仍购四万锭。申一拆去一切布机及地上已建各屋，造钢骨水泥厂屋二层，颇整齐。严裕昆任经理，两厂兼顾。工人无训练，出品不佳。

"百桥公司"成立，各地均请帮做，先由附近胡埭、雪堰桥一带，再至常州南北各处。本县各乡，凡有需要，均合募建成之，比造路为宜，愿尽义务五年。

申一既添八厂，申二亦主添新机，先从老机增加，再添六十支烧毛等机。申三添新电机，加瑞士式纺锭。申四杨少棠辞，月泉先生相继赴申，厂中以李国伟任经理，华栋臣任批发经理兼金融调度。茂四照开，秦芹生为经理，兼营打包厂。济南产花颇多，销布亦多，后另派专任。申五亦改良，俱有进步。福三旁空地甚大，施伯安为两路管理局要职，商将路轨接至栈房，由济南、河南等处来货，直接卸本栈。无锡更便利，不必上栈，省费而无损失。兄亦同意，即照进行。买地价小，比路局略大少许，华卫中时去接洽接轨事。栈房成，另立营业组织，名"福新栈"，就便由福三代管。股东由总公司与各有关系之厂出资，无锡茂新、申三各占一股。建桥开河，成立后为上海各栈所无。惟因资本小，尚未布置尽善，生利无多。申六余利尚佳，原主分得，还债将清。申新各厂均有余，福新、茂新亦余。是年，各厂气象甚洽，所定新机尚未付款，且有同仁储蓄收入存款，政局已平，过年比历年宽展。

秋间，有德国实业考察团到锡，招待之，颇知其蓄意于报复。领袖者曾为财长，滔滔于口，赔款一千二百万万金马克，四厘息，卅年分还，开支六十万万，货税抽百分之卅，真难受也。

学校如前，造桥十余处。兄有扩地造园之意，曾在后湾买地。余以小箕山为佳，托朱毓麒买荡地二百五十余亩，由朱梅春建筑之。

上海杨树浦英商所有之东方纱厂，原底由香港迁申，添至五万锭，布机四百张，织机全副，定价一百七十五万两出售。叶君琢堂一再来说，余力阻不宜买此老厂，地段不合工厂，工人难立脚，开支必大，出品不出色，销路难去。兄因叶君有意，一定要买，取其沿浦地好。买下押入汇丰，集股五十万两，余兄弟各出三成，叶君占四成，以乃郎叶达明为经理，鸿增在厂实习。不久，达明遇绑匪，在车中遇害，闻讯痛惜。此厂经此波折，用人困难，屡屡亏折，叶君灰心，将股脱去，由总公司照原本分年付还。

租常州纱厂为申六，两年又满，年年有余，分与原厂主，还欠尚未清，续租两年。

民国十九年（公元一九三〇年）庚午 五十六岁

长子生一女，名智福。

正月各厂齐开。政府有议加纱、布、面粉统税，杨树臧条陈，各同业请减，不允。粉税由四分加至一角，纱税由一元五角包税加至八元以上，吾各厂全年增加税额五百万元以上。知被收税，实业加困，必须慎重将事。

五婿唐熊源毕业于美国罗惠尔纺织大学，归国即来申三，后任副经理，颇得力于改良，牌子渐渐转佳。申一添机后，资本加至四百廿万元。申三亦由盈余加至五百万元，纱锭六万，织机九百台，决心改良，出品生产，虽加重税，盈余不弱，开支较各厂为省。余从克己做起，以前一种恶风潮，均无矣。

彼时物价已小，印染之布只值每尺六七分，十磅布五元左右，十二磅细平布六元以内。余历次受经济困难而解除之，推而社会至省，省至国，国至国际，均密察盈虚消长，记之于心，对市面升沉，颇有会通。凡吾所管，即得此旨。尝思陶朱公，忆则屡中，非偶然也。每以此语与同人及学生讲之，陶公商学，贱进如草芥，贵出如粪土。我以勤俭为主，附以平心，守古语，所以经管之事业，利多害少。随意指挥，骄奢用私心，患得患失，所以事业之易于变动。我局事业，大半手创，小半购自他人。

小箕山连年建筑，余代计划，款由茂新兄名下出之，至完工，共享十一万元。有荷花池四只，花厅一座，洋房一宅，嘉莲阁一座，马路环湖，平台几处。马路由荡田中筑出，建桥二座通之。工程非易，头门一带颇壮观。游人至此，称为"风景不群"。有渡船，南通鼋头渚，杨翰西筑园其上，规模宏大，亭台楼阁，应有尽有。遍植花木，四时不谢。再上有广福寺，量如僧静修处。有陶朱阁，念范蠡游五湖，亦为沿湖生产之先尊。过此有园林，直通至宝界山，明朝王仲山筑琴隐园故址，遗迹尚多。后造桥通至蠡园，王禹卿所筑。湖光山色，为地方生色。吾邑湖边，政府有筑环湖路，路基已成，以湖为公园，为沪宁路中心，中外人士游息之区。再道路四通，各园林皆沿路，以便游人。余民国元年理想之将来，已过望矣。城内外路皆通，工厂林立，如杨范甫先生所说："商市繁盛，上海以外，无出其右，有'小上海'之称。"经济流动，奢侈不免，老辈望之生叹。

时长住乡，八时出，六时返，有暇至园视察花草树木之种植，与工人商量造桥、造路、各种社会事业。或至学校及公益工厂，讲造作或添配机械。每日但觉日短，不知空闲。

是年，茂新一、二、四照开，有利；福新各厂亦同。申新各厂，有得有失，税重已知困难，利益无多。下半年平常，物价日贱，竞争日显。人才不敷，用养成所练习班，年年分送各厂，亦不敷。三厂留用最多，厂固多益。各生后至各处任要职，实始于此。由练习而成资本家者，比比皆是。种瓜得瓜，种豆得豆，洵非虚语。实力办事，实心干事，应得成功，空言无补。至晚，请仙谈风鉴及造桥等事。

民国二十年（公元一九三一年） 辛未 五十七岁

次孙智谦生，长子出。二儿生智宪。

储蓄照常，茂新、福新各厂齐开，或有原料不足少开。美花、美麦贱，大都不符成本。申新齐开，花贱纱小，美花每磅由二角二分贱至一角零，再由一角跌至五分二厘。洋麦由一元三角跌至九角八分八厘，后跌至五角零。此二项亏本甚巨，全市吃亏不少。或有因而牵动公司者，加以重税认真收，股实者渐渐空虚。

王云程学毕回来，入厂练习，后为申一执事。大儿、二儿受兄命，先后到申助理各厂，亦从"自治"入手。厂以五、六先仿，鄂生先生常州已先试行，次及申一，大、二两儿先后主办。云程入内，照新方针同做。申二朱仙舫、汪孚礼皆主改良，惟在添机器、改方法为主，未从人工入手。余在三厂所经营，所请人非专家，以有诚心、管人不严、以德服人，顾其对家、对子女，使其对工作不生心存意外，即算"自治"有效，自信可以教范围内各厂仿行。

是年，茂新各厂有利，福新各厂亦有利，申新各厂有利无利参半，重税之果。造桥各方来请，一一应之。

是年，汉口大水为灾，厂几淹没，全仗国伟等人力抢救得免。时申六将到期，已尽义务六年矣。惟办事员似乎做熟，谈合或可续租，屡谈无成议，至期交还，将申六临时合资分拆解散。余照以前投资，以后垫款，一分钱息，余款四万，代原主还入总公司保人亏累。鄂生先生亦出一万，以代付不足。于君投资资本，送与原有股东，折合四千，送与琳叔，以照帮忙之说，始终其事。原主改厂名为"民丰"，至后大发展。各事清了，徐、于、钱三君到舍致谢，并承赠送余一联，唐君书也。

厚生纱厂薛君等，因营业无利，租与杜君等。正待开机，见税重不欲做，让出，竭力帮助成局，孔君亦设法。余因常州六厂卸肩，人手有一班，立时可做，赞成租下，不一月，即开车。久停之厂，如此迅速开出，颇受关心人赞许，仍名申六，后议买下。其时，申七、八皆在前，缘常州而排入六也。

杨树浦三新纱厂，中国最早第一发起奏办之厂，总办杨藕舫。不久，失火毁而改此名，归盛公管理，收入已产，办理多年，小辈无心经营，将厂及余地脱与李君，然只爱地而不做厂，将地面之物作价四十万两，招人收买。兄决买，余往看，亦赞成，买下分与各厂。看到清花机尚是新添，拆之可惜，且先试做，渐渐分拆。当时，人手已缺，欲请唐君未允，即请吴昆生为经理，请来陈、吴诸君，开后有薄利，取名申九。至此，申新有厂九个，共有锭五十万，布机三千余张，国内无出其右，外人侧目。粉厂一时亦占最多数。

民国二十一年（公元一九三二年） 壬申 五十八岁

孙女智禄生，长子出。孙女智寿生，二子出。

储蓄部照常。茂新一、二、四各厂，福新及申新一、二、三、四、五、六、七、八各厂，均开。各厂除申三以外，均用印度棉，纱色平常，客有烦言，纱有存积。放庄至广东、湖南、重庆，销路均清，价不如申。交易所抛空，纱压低，有外国人操纵，市呈不安。余日日通讯，说此中上落，心常担忧。外力日涨，内力日亏，欠数日巨，收税日加，盈余难望。所欠机款，逐日到期。账房严少兰调度力竭，熟人亦多维持，如此习以为常者，有二年。

三儿一心毕业回来，得工程师学位，命在三厂任副经理，与能源同，颇有兴致。四儿毅仁考入圣约翰大学文科，外孙蒋新一亦考入。

本年为兄六十周甲，同人拟于八月初二日正生日称庆，推二儿尔仁筹备，陈品三为提调，布置一切，将六十年来事业大略记之①。各友朋送寿屏九堂，诗画对联无数。寿堂设家中及梅园诵幽堂、小箕山等处，均招待来宾。凡邑中备菜之船，载客之轮，来往之汽车与大小旅舍，俱先包定。礼堂所在，装满电灯，园门及山顶两处演戏，寿事共费五万零四百元。当时物价尚贱，菜一席十元。送下礼物由闻君估值，兄出资捐入各善团机关。对联装箱存起，寿屏三堂选入家谱，以备流传。

十一月十六日，为三儿一心结婚，娶华艺三先生次女。

---

① 一九三二年，荣宗敬及陈夫人六十双寿，荣德生撰《家兄嫂六秩事略》以示庆贺。文见本书第四编。

是年，茂一、二有余；福新各厂，有利无利；申一平平，申二亏，申三小有利，申四无利，申五、六平平，申七小亏，申八与申一同。申九预备拆入新屋，因地主催出地，屡商不允，议买不成，非迁即拆，其势不能在原地工作。其实，居心要出重价，买其地一大方，以百亩为最少。当时无此财力。先看自己衣周塘地，无屋为助，一时无立足；再看福二后地，五十余亩，自己地易办，议价作欠，陆续还，决定搬至此处。拟以一百万造屋，一百万改造、修理、迁移。先向英商麦加利银行议借款成立，再与营造厂主张继光开账，即于年内动手，至次年造成，装机一切完备，先后约二年，共需建筑费二百四十六万元，电气装置一百万元有奇，添配机件及一切用场完毕时，共计五百廿万左右。内而棉、麦亏折，外而借款用出如许，所添机器，欠人者到期要付，大部纱机未先集资。至此，税重市坏，花小不足，纱小更甚，无利可图。尽力调度，专心同仁储蓄，稍有收进。外汇缩，还款加重，拆息大，日积月累，常欠押款及票头，已逾千万。余则尽力于收入，留心工作如常，并日常无嗜好，不食烟酒，来客不备，同事亦不吸烟，习以为常。厂中研究工人待遇，自治设备日臻完备。进厂先教识字，落工习副业，非实习不能派事，女工非由养成班学过不能工作，班班皆教导，宿舍亦有室长，办理渐有声誉。

是年，造桥最多。正月，有美参赞安诺德派一人，忘其名，陪来美女士，在银矿委员会会长处为秘书，现为要职某某贵妇人，因银贱亏本，调查世界用银元情形。至我国，由北而申，各处到过，安君嘱其到余处谈谈，问："上海商业用银如此之大，为世界第三，何以存银只三千万，周转可活动若此？"彼国内存金四十万万，仍不足用，物价跌落若此。余扼要书大旨，与之，由能源译英文，颇蒙采许。

民国二十二年（公元一九三三年） 癸酉 五十九岁

孙女智美生，长子出。

储蓄部照常。茂新、福新各厂，申新各厂，除九厂外，均照常开齐。

申九建屋将完，正在装机，添备各种革新工作，至秋始完备。用费已巨，押款已足，将福二道契为担保，用完后，由无锡接济总公司应付。收少付多，出品不俏，押汇装出，垫头不资，越转越紧，往来银行屡屡帮忙，看看数大，即商改押款。

秋间，鸿三子智海痛殇，兄最爱此孙，大为伤感，致生偏中风，半身难动。由叶慎斋针十余次，渐愈。脚稍有不舒，至冬复原。余一再来往，外顾调度，内忧兄病，近乎两月。

九厂正在开车，总公司严少兰屡屡来信，乃时将锡款解出应付，见九厂已开出，心定。此时，机款解清，花款常调，装纱于各庄，垫头皆为亏去，银行款归结，均为押款。申新一至九无不抵押，茂一、二、四亦押款，申三为总公司押出。惟面粉厂福一、三、七未押出而活动，有自营能力，且有私产，信誉未损。兄将面粉厂总理归禹卿专管，俾易调度。

茂新至年有利，抱稳做，年年如此。济南则无利，盈盈亏亏，扯下无余。福新有利。申一至九，惟申三有利，其余牌次，货积耗息，好者少，有机多，心不齐，收花走样，洋行解花已有恶习。总公司为经济套轻起见，不如号家，汉口打包夹破子，陕西打包夹杂，印度花等级降次，不照原样，出品色暗太紧，客人不乐用。永安及其他各纱厂，则办好花，出品不同。相形之下，自然货积。申三另立"好做"商标，用花、拼花、用料，事事亲为配准，拉力、颜色均高，各布厂乐用，价提高，不与交易所出入。所以，年年有利，十余年已有三倍。

有人条陈政府，设立棉花统制会，以陈光甫、李升伯、唐星海为常务委员。宋公有借美花成功，分与各厂，以救内弱，不料为忌者所阻，未成。兄上借机再添之条陈，政府已采，对外布置就绪，亦未成功，勉强调度过年。

申三厂"自治区"，日见完备。副产研究，如养兔之类；单身女工工房，可住至一千余；布机已至一千五百台，纱锭七万零；动力，老发电机三千二百启罗瓦特，新电机四千二百启罗瓦特，茂一、二专线全用，再有余力可添机。因申经济未裕，不添，陆续购地预备。因工作好，进花、出品有把握，越大越有利，资本已定足五百万元，心已放大，主客云集，出品时时不敷。申一、二、五、六、九，均有改良者，以一、五、九为略好，余则正在机上想法，未及用料、自治。

是年，因兄寿，各方来请造桥，皆以钢骨水泥建造之。行人以平面阶级过桥为快，大者十余丈长，阔一丈二尺，小者长三四丈，阔一丈。此时，钢条每吨九十余元，木料每寸尺七八分，水泥每桶四五元，人工八角，石子每方丈五六元，黄沙每方丈五六元，监工义务，设计义务，五年如一日。

竞化女学略并，公益小学四处，高小、初中及读书处各一，幼稚可直至考大学，此旨未改，学生则少矣。

一心兼管公益铁工厂，仿美式改良，添人加机，以能自造纱机、织机、面粉机为目标。物色人才，先从打样，注重小学从工为出路，调施之铨为主任。职业教育毕业生，招人稍易，一班打样由此而来。原有房屋，不适用者翻造之，翻砂间特别扩大，专揽翻砂生意，微有薄利，兴致甚好。局内面粉厂、纱厂，铁工不假他处，快而妥当，天天有人来接生意，一换前人面目。小小出品甚多，抽水机、轧面机、打包机、小引擎、车水机、丝厂用品、布厂用品、摇纱机等，凡东西来路出品，均能仿之自造。

是年，三月，汉申四厂遭回禄之灾，保险赔款领到后，决于秋后复兴。余始加入股份，定英机，照新式建筑，至明年始装齐，仿申三工作。

民国二十三年（公元一九三四年） 甲戌 六十岁

长房三孙智鑫生，二房四孙智祥生，三房长女智瑞生。

储蓄部如常，茂一、二、四如常，福新各厂如常，申新一至九照开。惟花价不小，纱只售一百六十元，不俏。布尤贱，十二磅细布，大都五元二三角，十三磅、十四磅海昌蓝布，只售八元左右，可谓贱极矣。外埠如重庆，纱亦售一百六十余元，贴去水脚九元，押汇九折，广东、河南亦相仿佛，生意真是难做。加税三年，约已抽去增税一千五百余万元，政府毫不觉其多，商已受苦难言。申三则靠实销，通州、太仓、汉口、陕西、山东各地，自己办花，常州织厂及本埠袜厂联络，出布多印坯，订货不断。

正月十六日，为余周甲，儿侄辈邀亲友称觞，余不欲铺张，力主从俭，与亲友故旧谋一日之欢叙。堂会张冶儿班子演戏，张演老莱子，颇工。张半途习此，不易，一举一动，无不引人捧腹。送来寿屏六堂，对联尤多，三堂已印入家谱。无锡红卐字会有坛，李祖师降笔"寿序"一堂，谓是初次赐出，勉余为善。有一仙赐余"松年"二字，笔力异常。而"寿序"命录二份，挂两处，不知何意。后存一堂，一则失去半数不全，始明白战事也。

诸友中集款，为余造一纪念桥，因余在各地造桥而起，再三辞，已有送下款者。余谓："如果诸君要造，主人如吃酒先吃一杯，我先造一桥为陪。"十七日晚，请仙指示及破土日。云莲仙师降坛，择二月十七日破土，八月完工，地方在宝界山。再请为期太迫，各料未备，示云："要造，只有此时可成，否则无成，无期可改。"遂决定照做，招工备料。上海托永吉兄办木、钢，本地定黄沙、石子，龙潭定水泥三千桶。各事预备齐全，惟择地未定，连日至宝界山西头测量至再，难造。有一渔船云："要造桥，只有东头老渡口，两头有硬脚。"引我等到地一看，果好，船则望东而去。两头定桥，至期破土动工，用三班共一百零六人。再请仙指示，示云："此地为妥。"请问："有浪如何？"示："有仙监守，绝无浪，保尔工人无病，每日饮缸中清水解暑，虽天热无妨。"是年，天热异常，果无病人。八月十一日，按龙门，桥通，行人云集。

茂青、量如和尚等推余发起购地，赠与开原寺，捐资建筑之。苏州乾元寺，山顶无水，请云莲仙师指泉筑之，得水甚清。

三底金融，余处生意尚顺。过三底，兄设法，请禹卿兄赞助纺织。六月二十八将晚，大儿回来云："到期款五百万，非有现数二三百万，不能解除。"曾托宋先生（宋汉章，中国银行总经理）云："如果有物，必设法救，空言无效。"余即电申问情形，决定补救，托宋先生向公权处商量，回云："有物可商量。"答云："有物若干。"宋先生候公权至午夜未见。但云："决照此办。"通夜共打十一次电话，说明一切，一面将份内存各处物件拿到，晨四点上车，与大儿同至申，已七时。知宋先生已与公权商明，中、上共做，押款五百万元，一切票面照兑。即关照总公司照常收解，人心为之大定。九时，将有价证券携至中行点交，立契签字，说明由王先生经手签字付出，并谓"此款乃维持性质，必须提前先各款归还"。余云："当然，有款即先还。"后未食言。连日与王先生、陈光甫、张公权、李升伯会谈，余意仍旧由兄主持，兄照我方针，设改进委员会，各厂经理为当然委员，余则主其事，由伟仁听余调度。款付至二百五十万元，二行停付。再三商酌，再付三十万，因王先生声言不负调度责任。余因其不熟此中得失，听之。再与各庄领袖会商，声言兄仍旧主政，由改良至能赚钱，而百事解决，人人以为然。

余即回锡，将各厂应行各事，一一每日函示大儿，分头办理。各厂先由办花、收花入手，各花号已不肯送货，各厂用花均归余代办。有信请我主政，即函汉口、太仓，直送交改进会处分派。通州与刘达六、陆鲁柯、颜乐三订专办合同半年，送锡代收，每日轮拖至申，分交各厂。外面不知，但见厂中用花不断。厂中用此好花，出纱色白而条分均匀，销场顿起，已有微利。再从省费、省料，教工一一照改，颇有效验，大局为之稍定。

初八，光甫约余至南京，见行政院长，彼由沪坐飞机直去，我由锡上车，遇唐君有壬、张君公权、吴君震修，略谈，无要言，吴君略询，余骇怪。至宁，同见院长，问我近日办理情形，一一答之，颇蒙采纳。袖呈请发公债节略，院长云："有此办法甚好。"交部长，部长云："且俟派人查查，可行准发。"即派委员至申查复，云："无着之款若干，爱莫能助。"然感某某之热心，爱护不浅。

押款虽成，未全收用，欠款尚多未了，各方希望难应，仍要设法。余再度至宁，请发公债，仍无眉目。余从此不想此路，专从处处改进，渐渐起色。陈君便在梅园问余方针，即照办法答之。彼云"若此甚好"，彼亦安心。

改进会收花解款，被人移与洋行，致将汉口及六厂所垫款交不出，由余分头调度，通州各款，吃开期划平。是年，茂一、二均余，申三亦余，福新微余，申新其他各厂早亏，改进后略抵，从此转机。改进会停止办花，由各厂自办，申行号亦肯送厂。

是年之多事，为生平未遇。思想正大，立论未错，垂危之局，卒保平稳，教育义务亦未稍停。余至今尚津津乐记，后之办事业者，必以诚心为心，富贵岂难事哉！

是年三月，六女嫁杨通谊，为杨味云次子，世家出仕。

前吉人先生发起修宗谱未竟，是年推福龄先生主修，余亦协修，经费不足，余任之，聘刘玉成主其事。大公图书馆严辞，由子俊先生任之。竞化女学校长施显臣作古，由殷彦恂任之。

第二编

乐农自订行年纪事续编

荣德生

自述

乐农自订行年纪事续编

（一九三五年至一九四九年）

民国二十四年（公元一九三五年） 乙亥 六十一岁

五孙智善生，次子尔仁所出。

茂新、福新各厂照常开齐。申新一、八厂照开，已有转机；三、四、五、六、七、九亦均开，仅申二未开，因周转困难，未得后盾故也。

申三上年因资助申事，自己迫得颇紧，以耳为目者似已在注目，虽有往来，限定数目，户头又少，斤斤较量。余弄得不明白，自思厂中有余，实力不弱，何故如此，惟有另想别法，预为防备。每日用度，先事预算，差幸人力已足，一心、熊源、明剑，遇事均能想法处理。

上海各厂自改进以来，已加整顿，似觉转机，厂厂不亏，惟无余资。申七汇丰借款到期，不允转限，日方觊觎，私拟归其接受，几次议定假拍卖，由律师过手拍定，我处竭力反对，无效。至京陈明当局，函申设法，一面托地方公团据理力争，于是汇丰始知舆论可畏，转商前途，解除拍卖，改为正式押款，后来赎回。

申三仓库货物押款，向由中国银行经做，本年到期后，余意欲改变方针，然实不得已而出此。余数十年经营，未尝失信，今手头虽紧，皆由接济申厂关系，但若不别想一法，恐将无由解围，于是托友向部租地，计划建造仓库。有货来，先上外栈；有款来，出货到厂应用。不数月建成，取名"新仁"，请熊源经营，江君为账房，贾士培为栈房主任。

但当时外人尚不明底细，交通银行唐君首先谈成押款二百万元，函报总行。事为中行所闻，即函锡行经理邬君志和责问，函复并无其事。总行云："已知确定合同。"于是邬君邀问，余答："此非厂内之事，系新仁栈代客业务。"邬报总行，更被责难。余于是说明："因贵行所定条件不合而出此自卫之计，贵行如果有意，还留有头寸，即照做可也。"邬君至此得一落场，反感我留交情，报申照订。旋上海银行亦闻知，锡经理谈君森寿问余："如此大栈，何时所建？"答："三月前。"曰："何以从未听人说过？"答："小小事业，无人注意耳。"谈谓："申新事，我行例应优先。今中、交已做，我如何办法？"余答："恐贵行无意，故不敢问，倘真愿做，尚留头寸。"谈君谓："栈有多大？已做两家，岂尚留我头寸耶？"余遂约其到栈看看，坐轮同去，见占地二十亩，可堆棉花十万担，小麦十万石，还可堆铁、粉、水泥等。栈外通路轨，停船上栈，装卸均便，面积颇长，观后叹服。银钱界某君私谓人曰："余初不知荣某有如此调度，今始知之。"

本年所受经济上之苦况，笔难尽述，但至此已一扫而空矣。上海各厂除申二外，均好，天天生利，出品白净，出数加多，成本合轻，积货渐减，否极泰来。花款、机款，陆续还清；庄款虽欠，但已放心。

申二设法开工，但迟迟未有办法。中行邬君因往来颇熟，余时至行小坐，始知其自幼聪慧，十四入洋，旋游学日本，习经济，颇有根底。一日由沪返锡，问余："申新各厂现均已上轨道，天天生利，惟二厂独坏，至今尚停。"余谓："凡事皆有运，上好纺机，到了二厂，就是最坏。试问六十支双股，上海哪家能纺？申二老锭九千二百枚，新锭四万余枚，如何会坏？惜余不能兼顾，若经余手，必不如此。"邬君忽问："你世兄均能做纱厂，哪位最好？"余答："二儿在申一比较活动；大儿在申二、五，兼有仓库，但因乏经济周转，所以停耳。"不知其暗中留意，至沪与总行说及。不久，二宋①约兄谈，如调尔仁至申二，决放款组织银团，可开工。兄允照办，即调大儿至申一，二儿改申二。

申二开工以后，大加改革，二儿一切秉公，办事有条理。后来庄款几独任还清，大押款亦分担不少。大儿接任申一，颇有头绪，口碑甚佳，天天有利。一二年内，纱锭添至十二万三千枚，粗细各支纱线，应有尽有；布机一千一百台，计划扩充至一千五百台，规模宏大，为申新各厂之冠。

是年，茂一、二均有余。陆辅臣调福新二、四、八厂经理，因丁梓仁亏空巨款去职，禹卿兄主张商调陆先生到沪也。茂新有四儿助理，通谊副理，并由余兼管，所以无妨。福新各厂均余。申新除二厂外均有余，改进后已得法，走上正轨，心中欣然。

汉口申四捆纱间一段，上年回禄焚毁，保险赔款，拟订购

---

① 二宋，指时任中国银行董事长宋子文和总经理宋汉章。

纱锭，准备恢复，由国伟、栋臣来申，报告各股东，共议未决。返汉过锡，时已黄昏，吃过晚饭，留住长谈，对经营管理、利弊得失，谈得头头是道。因思昔年长江大水，竭力救护，未遭淹没，足见办事精神，余曾书"力挽狂澜"四字匾额为赠。今毁于火，不复兴可惜，兄虽赞成，而各股东不允，以后如照我主张，改进办法，余可加入股份，设法恢复，如照申三做法，必有成绩。二人欣然，决依照方针，翌日去观三厂，持我信再至申，兄亦同意，俟赔款收到，即定机及建筑，于是定局。二人返汉，即派章、瞿①诸君进行练习，余亲自指授管理方法，并学习"女工自治办法"，明年成功出货。讵部分股东不愿加入复业，注册时拒不签字，商量再三，用反签字方式决定，方才办好登记，鄂财厅始发运单，否则不能运销。办事诸君，经此挫折，深得教训，以后工作，分外奋勉。复建厂房，较申三联络一气，当时固经煞费设计也。

民国二十五年（公元一九三六年） 丙子 六十二岁

是年，三房次孙女智诚生。

九月初七，为四儿毅仁结婚，娶同邑杨干卿先生次女，亦世家善门也。

春初，因上年各处顺手，焕然有新气象。茂新一、二、四照开，福新除四厂外均开；申新一、二、三、五、六、七、八、九亦开，仅申四在后来装齐，迟开。各厂均有盈余，洋行暗中前来兜售添锭，陆续稍有购进。

---

① 章、瞿，即当时汉口申四厂长章剑慧和总工程师瞿冠英。

余则专心于公益铁工铸造，进步甚快，添机用人，建筑工厂，无日不在此中计划。一心亦有兴致，在外国学过，回来仿造，究非盲目可比，出品渐多。申三自治区办得好，声誉四播。各处学校、工商界来参观者不少，政府要人亦来参观，颇加称道。所办识字班已有一千六七百人，医院、礼堂、子弟小学、幼儿园、托儿所、公共花园、合作社、合作饭店等等，应有尽有；工余还有副业，如养鸡、养兔等。动力除本厂外，仍兼供茂一、二，自用新电机后，比老机省煤，开支减轻。虽有特税之加重，亦不觉矣。可见万事必磨炼而成，不经困难奋斗，成功少也。

　　族谱稿成，余主管印行，至明年春散谱。杨筱荔先生著《中国财政史辑要》，属稿凡五年，成书四十卷，余为代印五百部，由殷彦恂校对，并寄国内外各大图书馆。我国对财政经济方面，素少专书。杨先生历任大幕，两任太守，经验极深，八十以后，慨然著述，成此巨著，为吾国财政传其统系，日后必可传世。豁然洞读书处诸生选读古文，余与吉人先生等屡议，在图书馆存书中，择有关学术有用之书，汇辑各书原序，提纲挈领，便于读者，使一览即知某书之精华所在，及某种学术之流派，朗然在目。特请朱梦华先生任选辑，诸生协助抄校，凡阅两载，成《叙文汇编》七十二卷，内容包括经、史、子、集，以至各种丛书，搜集代表作品数千篇，以前无此大汇辑也。余为印行一百部，木刻活字，亦由殷君校雠，分寄国内各图书馆流传；并拟选辑续编，已得千余篇，嗣因战事猝起，未果。

　　公益中学添建校舍，聘叶志青先生为校长。吴（稚晖）、钮（永建）诸君议将复旦大学迁锡，勘定新校址在闾江以东一带山地，约一千余亩。由余托朱毓麒去购买，至明年购齐，正将动工建筑，为战事已起而止。

余初尝发愿建筑太湖风景区，拟在湖边山水之间，建无量殿、水属池、博物馆、大会堂，屋顶均盖各色琉璃瓦，点缀环湖景色，筑路植树，并将其他园林联络一气，藉以吸引游客，为地方增加财富。余并拟在民国二十八年从业五十周年时，开一盛大纪念会，将余兄弟所营工厂企业，与所办学校及自治慈善事业，各项经过历史与各种纪念实物，一一陈列，请人参观指教。于是陆续购地，准备设计建造，路基已在动工，树已栽植秧苗，一面增加企业生产，一面努力社会事业。预定计划：食品工厂由面粉而扩展至各种主要食品；纺织工厂从纱、布而扩展至印染、丝绸、麻葛、呢绒以及有关衣着；机器从翻砂、铁工而扩展至重工业，能自造各种母机；办学则自小学而至大学、专科；筑路则接通环湖，使吾邑不仅成为工业之中心，并为各地市政建设之模范。湖滨风景幽美，更可供国内外人士业余游憩之所。不意此愿耿耿，为"八·一三"战事猝起，至今未偿。

申四复建，至夏车已开齐，欲去一看，预计路程，五日可以往返，即抽暇与尤甥廷坤同行。先去徐州，再至郑州一带，观察粉、纱销场。数年不去，大非昔比，道路整洁，市面繁荣，住中国旅行社招待所，旋搭午夜下行车抵汉。先至批发处与栋臣相叙，即赴硚口厂中。先看福五，大有改良；再至申四，各处看过，排车方面有尚未完全妥善处，余亲为指示。厂房建筑整齐，转出方便，余所书匾额，悬挂正中。工人工作专心，与前大不相同，四周看完，并无一个工人如从前之探头探脑、擎擎拍拍做在人前，故献殷勤之态。再至宿舍、自治区参观，亦佳。

全厂人人上正轨，从事业务，无一游荡者。旋至大女处，抱出新生外孙，甫七月，肥硕从未见过。数年不见，相叙欣然，是晚即宿大女处。次日，至批发处与各友相叙，即晚上轮，经宁返锡，来去果未逾五天。函告于兄，知此厂日后可望占利，其优点在买花、销纱均便，人人有朝气，两厂联络，工厂内多熟手，肯练习研究，厂基大，日后发展，不必周折矣。

此时，余兄弟所办企业，除所营之二十余厂外，在全国各大都市均有支店及联络站。在浙省则杭州、宁波、绍兴、温州、台州、枫泾、平湖、嘉兴、湖州；在粤省则广州、汕头；闽省则福州、厦门；沿长江则镇江、南京、芜湖、安庆、九江、南昌、武汉、沙市、宜昌、万县，而至重庆；平汉路则驻马店、许昌、郑州、新乡、开封、彰德；陇海路则由海州、徐州、灵宝、西安，而至咸阳；津浦路则浦口、蚌埠、济南、德州，而至天津、北京；在关外则沈阳、营口、旅顺、大连；在鲁省尚有青岛、烟台、济宁；在湘省则有长沙、衡阳；在本省则苏北之东台、南通、高邮、泰州、溱潼、姜堰、海门、扬州，江南之太仓、江阴、常熟、苏州、宜兴、溧阳、川沙、崇明，以及浦东之大团、周浦等地，非办麦即销粉，非办花即销纱、销布。海外，近则日本、南洋群岛，均有交易；远则英、德两国之机械与零件，美国、坎拿大（即今之加拿大）、巴西、澳洲之棉、麦，时有进出。不幸战事猝起，事业半付劫毁。

余未战之前，望其不战，既战之后，望其早停。人民渴望和平，中、日同在东亚，允宜敦睦邻邦，不料轻启干戈，终致两蒙损伤。

本年，纱、粉销场均佳，价格步涨，二十支棉纱至每件二百四十元。我处从改进以后，开支省，出品好，销路广，因此货无存积。申新一、三、五厂，且已客等货矣。各厂余利颇优，惟以陆续添机，支用亦大。除稍还去零星陈欠外，大笔债款却未还去，余深以为虑，特函兄注意。

民国二十六年（公元一九三七年） 丁丑 六十三岁

长房四孙女智南生于香港，时方避难在港也。

正月初，扶乩请仙指示，问及局内情况，欠款如许，何时还清。乩示云："三年内还清，且可有余。"当时自忖，偌大欠款，还清不易，莫明其故，不料后来竟能实现。

茂一、二、四均开，实则近年粉厂往往在春间时开时停，夏、秋则可开足，至冬则几乎全停，所以一年只扯七八个月可做。如粉价有余，则采办外麦补充，澳、美及坎拿大均有，因此粉厂可以不亏。福新亦照此方针，除福四外，其余各厂照开。

申三亦照常开齐，实行成本核算，天天结账。余发明先行"日结"，继则每星期行"周结"，积一周之"日结"为"周结"，积四周之"周结"为"月结"，如此一览即知，是月盈亏若干，不待月结结出，心中自能有数。收进原棉，扯见成本，抛出纱、布，扯见收入，一进一出，除却开支，即知盈亏以及存货扯价，通盘上下，比较即知。厂中管理制度日臻完备，秩序井然，自经理、副经理、工程师、总管、副总管、双领班、单领班，以至各车间分班人员，一切分工负责，均有统系，收付皆有手续，进料办花与售出纱、布、废花，皆有专人负责，使无流弊。由知万事皆在人为。

申新各厂在未改进前，只想为自己打算，不知树立方针，建立制度；改进以后，有了竞争心，逐渐革新整顿，颇多仿照申三办法，大、二儿本在三厂出去，自多采用。余虽非工程师，然理想所及，实行后颇有效验。远地各省新创纺织厂，常有派人前来观摩学习，或在我厂调去职工指导者甚多。养成所毕业生，后日大多出任各厂高级人员，声誉四播，始信"种瓜得瓜，种豆得豆"，此言非虚。凡事只要实做，将来必有成就。

回思余兄弟所营企业，试为评骘，则茂一实为起点。面粉厂以茂二最为完善，茂四中等；福新以福一为起点，中中，福二完备而最大，福三改建而成，中中，福四未改好，福五上中，福七完备，上等，福八与福二合。申新以申一为起点，上中，申二上中等，申三为改进及创造各事之起点，申四改建后中上等，申五中中，申六中等，申七中等，申八与申一合，申九屋新机杂，上中等也。

本年营业，承上年之后，纱销俏利，价渐高，好牌子已逾三百元大关。花价未涨，扯四十元之谱，各厂有利，气象极佳。兄力主添机，洋行纷来兜售，公司门庭若市。四月，申三开股东会，兄特由申来锡。余早知必要提议添机，但因财力未充，尚非其时，必须还清前欠，再谋扩展，始可轻松，否则肩责太重，防有不测。然未便明违兄意，即以预备自造为言，各股东亦以余言为善，决定加股至七百万，候年终盈余，提出若干，明年即可造矣。兄会后退至我办公处，与各股东至各车间看看，均乐意。鸿元陪同前来。当时对企业前途，都抱有绝大希望。

隔数日，祝月涵君与余谈："日前见到一预言家姚君，能前知，谈时局，战事将起，无锡不佳，沿江沿海均非可居地，仅上海稍好，而华洋杂处，宜早预备。"余怪其言，不听。逾月，渐觉外交日趋严重，战端已露，余心殊忧疑，知一经发动，非短时期内可了。近二十年间，世界各国强弱不均，日益显著，强者利用倾销政策与侵略势力，以弱者为殖民地，弱者不甘屈服，起而反抗，遂成战祸，实此故也。

此时我各厂营业日佳，出品有利，每件可余七八十元，为历年所无。原料、物料，积存充足，纱、布销路甚好，纱改大盘头、大筒子，布则坯布，均系实销。铁工厂尤好，订购络绎，人人欢迎，工作分日夜两班，并已添建公事房、工厂、打样间、翻砂间、工人宿舍、教室、饭厅、平车间等屋，准备开始翻制细纱、粗纱、钢丝、清花等机，预计每月可出纱锭五千枚。先由申三试用，如果良好，则扩大进行，首先自己换去老机，改为一式大牵伸新机，布机均换"公益式"。从此物料可省，只要备一式者可矣。筒管木锭，亦均自造。次则推行各厂，拆旧换新，如此可少买许多外国货。余自创办实业，至此已四十余年，终能做到自造自用，虽年逾花甲，而对事业之心未衰。正欲觅矿开采，从小炉冶铸做起，计划能达每日百吨为止。工厂通小铁轨，直至大河，上下驳卸，小件则用汽车装运。种种设施，分头办理。正在勘探铁矿，着手进行。大公图书馆藏书，已达十八万卷，其他中外杂志、报章、外文图书，尚不计在内。

时忽有军队到乡驻防训练，军事长官，常川来往，似有战事准备，余不得不心存谨慎，防生意外。至七月七日卢沟桥事变猝起，当时江南尚称安定，无锡各业照常，惟北方阻断，面粉堆积，无法销运。茂新至八月底已代福新做存麦。申三则纱价步涨，达三百二十余元，估计若至年终，余额必巨，可代总公司还去本厂押款矣。当时职员也多抱很大希望，年终分红不在少数，皆提起精神，努力工作，出数激增。不料风声日紧，牵动南方，至八月十三日上海战事发生，交通隔绝，后方军事戒备。余于是先将茂新欠款九十二万，设法将粉出售归还，只剩中国银行一家，已不满五万矣。如果苏、杭各庄归来，即可全部还清。如此，则所有存粉存麦，即为厂中净益。于是申三亦同样办理，行庄欠款，只剩合同之底数。外堆新仁栈约近百万元，厂内纱、布、原料约二百万，车间物料约五十万。余将"街面"了清，已无挂牵。开支预备、小小往来则照常，或有劝余何弗将款结存外汇，余深不以为然，决以还清欠款为上策。当时，但望战事早平，顾全信用，仍可往来。

注意十月九日日机肆炸无锡车站，铁片飞入新仁栈内，突然起火。余接电话，前往察看，派人抢救，救火车亦来施救，以火势猛烈，满栈存货霎时全成灰烬，仅留麦栈。栈屋存货，原均保险。当日无锡尚处后方，非战区范围，正向保险公司交涉赔偿，十九日日机又炸无锡城内各处，申三虽未碍及，因各厂皆停，工人全散，只得亦停，酌留看厂及保管人员数十人。

余各事一一处理清楚，每日赴梅园与朱梦华先生品茶清谈，至傍晚始归，如是者接连两星期。至十一月十二日，日军又在金山卫登陆，国军防线逐步后退。知事势已急，不能再留，再三筹思，避往何地，过远恐经济难继，消息隔膜，细观地图，尚以汉口为宜。十三日，将厂事一一托付留守人员，十四晨乘汽车西行，七时许已抵宜兴，欲与储南强先生通电话一谈，未果。取道长兴，至湖州福音医院，换乘小车。是日仅进点心，未及午饭，再走泗安、广德，而至宣城。沿途问讯，农家正在田间操作，似不知有战事者，告以上海情况，颇觉骇怪。一路向北，即抵芜湖，至旅馆方拟下榻，闻江边有轮船，即驰赴码头，上船不半小时即开。何致中仍留芜湖，并曾再至无锡家中一看，据云情形尚好。余在船中，觉秩序尚佳，有空军驾驶员数人分踞头等舱位。十五日过彭泽，附近已在布备。过小孤山，水道改傍北面，靠南已围筑田畦，始知近年汉口水患，即为下游阻塞之故。经九江，仍若平时。十六晨八时抵汉，国伟及华（栋臣）、张（械泉）诸君已在迎候，相见欢然，无殊往昔，胸襟为之一宽。并为余置备寓所暂住，即在批发处后面鼎安里宿舍，出入极便，供膳极丰，家具物件均备，殊不觉避难之苦，至可感也。

当时料知同乡亲友避难来汉者必多，宜早租屋预备，先后共租八处，最后并租得沙逊大楼后面洋栈，专供避难来汉之同事居住。长婿及华、张诸君大起忙碌，一切布置，均极周到。

次日，至厂视察，工作情况已不如上年，厂中主持者鉴于战事岌岌可危，不能无防，暗中拆机，内迁上游安全处所。余力加阐释，使各人安心。当时纱、粉均有利益，仍望多产，方可多余，早日归清行庄欠款，一如无锡办法，不愿结存外汇，国伟等照余意而行。

连日晚间电询无锡情形，大局日坏，十九日后锡城已无警备，厂栈存货为人运去，家中三、四两儿新房已被人开启，城乡居民大都避往乡僻之区。二十三日国军撤退，自将宾界桥炸断，县长等均退镇江。二十四日日军到无锡北门，二十五日进城，并未大烧杀，以后即讯息不通。

每日闻苏、锡一带避难来汉者谈及，沿途水急风狂，人多船挤，吃尽苦楚，为之恻然。余家则四儿毅仁、六婿通谊、外孙新一，均乘小轮先于十一日抵汉，团叙一处，心中稍慰。然余身虽居汉，而心怀家乡，念及半生事业，全付劫毁，深用怅惘。

上海情况每日电询，知损失已重，大略谓：申一、八已隔断在火线中，申五、申六、申七在杨树浦，适在战线，无人看守，在闸北地区之福新各厂亦同。如何结局，不能预料。至此，惟有听天由命而已。

十二月八日后，天天有消息，报纸亦有登载，无锡北门一带市房全被焚毁，豫康、广勤、业勤皆烧去。十二日后，茂新一厂烧，振新老厂砖木建筑亦烧，新厂则因水泥建筑无法烧也；申三栈房、轧厂、布厂、摇纱间均被烧，粗、细纱间及电机间均留，亦因水泥建筑故也，厂中房屋已所存无几。余得此消息，心中焦灼，亦无法可想。报载沪、锡一带，被毁纱锭有六十万枚。如此破坏，实非文明国家所应有也。

无锡居民大多避赴南方泉、许舍一带，约有数万人；在马山者亦不少。渐闻已有人出来组织"维持会"，保护地方，维持秩序，但因与日军隔膜太深，未见实效。上海亦有人发动组织，拟挽余兄加入，外间谣言日甚，各友暗暗通知，劝其不便在内，兄亦以沪上未宜再留，决定离沪去港，藉息浮言。

时大儿伟仁夫妇已先在港，拟接余同往，余因汉厂诸事方有头绪，正待进行改良，增加生产，不愿前去。初未想及请兄到汉同住，至今为恨。盖因港地湿热，老年极不相宜，余怕去，此亦一因，但未想及兄亦不宜也。兄到港，诸友毕集，酬应纷繁，所闻言语，间有杂以诽谤者，心中大为不快，便秘数日未通，实因心火郁结，同去家人亦未想及，讵竟如此得病，同时旧恙复发，二者交攻，寒热不退。余在汉得悉，即命三儿前去探视，并时电询，旋得覆云："热度已退，无妨。"三儿回汉，亦云已愈。不料感受风寒，忽又反复，饮食太多，冷暖不均，港地又乏名医，延至次年正月初九日，竟与世长辞，呜呼伤哉！余在汉得悉，痛失手足，怆怀曷极，悲雁行之遽折，忧事业之摧残，百虑交集，终宵常至失睡，惟有把握大局，慎重将事耳！

十二月底，传闻英商沙逊自国外来电，拟将汉口江边大楼出售之讯，余与华栋臣兄同往查勘，时已晚饭以后，决定购下，如果公司无意，可归我承买，日后大有用处，随即成交付定。次日即有人愿意加价要求转让者，幸我捷足先得也。

是年，五儿研仁、外孙丁宜生，均在梅园读书处毕业，与外孙李志方同时去美留学，侄婿薛寿萱全家亦同去。五儿学纺织、印染，宜生学化学，志方学理化，均至毕业后归国。

民国二十七年（公元一九三八年） 戊寅 六十四岁

三房三孙女智怡生，四房大孙女智和生。

香港兄丧，即命大婿、三儿同去襄办，余则在汉呈报政府，由行政院转呈国府明令褒扬，并函告沪金融界，余决定辅佐侄等，照旧守业，以免摇动。武汉方面政界、金融界亦多电港慰唁。时诸侄及大、二儿，禹卿、辅臣两君，均在港办理丧事，扶柩回申，停灵偏宅，大事办妥。

余得电告，心始稍慰。而上海金融界纷纷索债，十六家钱庄约同起诉，法院批准传人，情况严重。余再三筹商，声明分期归还，逐件和解，沪决定照此办理。有关心公司者，屡来电，促余回申，主持总公司业务，余力辞，说明辅佐诸侄而已。再来电，即命大、二两儿会同大、二两侄共同料理。余在汉因各事正在进行，增加生产，多得余利，拔还欠款，预计至五月中可还清，因此不愿离汉。余在锡如此，在汉亦如此，债务清了，方可安心。营业在二、三月后更起色。

惟余自正月起，迭接噩耗，首悉锡厂被毁，次辟香港余兄病逝，三则沪行庄讼事，接连三次拂逆，心绪紊乱。自思一生成败，即在此时，万一弄错一着，如何得了。朝夕萦虑，寝食不安者累日，即患右手难举之症，心境郁闷，体气渐衰。当日朱梦华先生同住寓中，睹此情况，时加劝慰，横逆之来，更当百事看开，沉着应付，养好身体，方可担当一切，余深韪其言。

不久得申函告，各庄讼案渐见转机，法庭谕令和解。余心稍定，一一布置，函申照办。为养好身体起见，每日出外游散，常至古玩铺观看，买些旧对联以解烦闷，大多为前清翰林所写，以后即专收翰苑对，在汉购得五百余副。斯时，各地避难来汉者甚多，因此汉口市面反比以前热闹。同乡亦有数千人，遇困难者，余必劝募接济，终待事平后还乡耳。

旋得沪函，详告各厂情况：茂一全毁，仅存瓦砾；茂二尚完，茂四亦存。福一、三、六在闸北，被日军占用；福二、七已设法开工，可有薄利。申二、九亦开，有余。其时花纱均贱，纱价二百二十余元，尚有微利。于是知申各事已有安排，甚好。

汉则福五照开，利厚；申四亦开，出数增加，花价三十五元，纱售二百四十余元，尚在看涨。余对厂中同人屡讲做法，三儿亦将三厂心得一一指导演习，产量竟加出四分之一，每日可出一百二十余件，利润既优，欠款可以不愁，心中为之一宽。

仍每日与朱先生浏览书画古董，择优收买。在汉共购得古铜镜二百余件，颇多汉、晋、六朝之品；铜器数十件，彝、鼎、敦、卣、盘、匜均有，不乏三代之物。内有一件，形式奇古，钟鼎文内外刻满，高近三尺，方二尺，惜当日无暇考据，但据朱先生鉴定，决为汉以前物无疑。瓷器则有明窑黑地三彩梅花大瓶一对，颇稀见。此外，有唐壶一柄，质地在陶瓷之间，外涂绿釉；又得铁砚一对，汉铸也；端砚八对，皆出大西洞，颇宜实用；其余碑帖书画，稍买若干。余之购此，非欲附庸风雅，实鉴于战祸一起，中国古代文物必遭兵燹散佚，若不能收集保存，日后存者愈少。常此解闷，而右手酸痛未减，闻友朋中同患此病者有三四人，实则皆心火郁结之故也。

申四订购纱机一万九千锭，外洋到货抵沪后，无法内运，洋行欲我处退交，归还定银。余考虑不允，决在沪改装申九厂内，知其有空处也。函大儿与昆生商定，允装一万五千锭，其余四千锭，因非同一式样不允，遂照一万五千锭订妥合同，盈余分配照十一份分派，申四得一成，同事扣花红一成，订期五年，期满照原价作与申九，藉免装拆周折。当时以为战事决不致拖延如是之久，五年后，不患无更新机器可以订购也。申九至次年装齐，尚余四千锭，作价售与合丰，另立新厂，规模虽小，而自纺自织，为旧日申三同事叙一小局，免致失业，两得其宜。

其时，时局日紧，战事沿江而上，总公司屡函催余回申。余因手痛加剧，闻陈君在香港电疗得愈，亦拟赴港医治。于是将汉事一一布置，汉厂债务已还至只剩四十万，行方不允收清。余先嘱国伟与三儿同赴渝、蓉等处查勘，准备日后发展，俟返汉后，即于五月初六乘机飞港。机中尚平稳，惟两耳但闻隆隆之声，下机时几听不出人言。上午十一时启飞，午后三时抵港，气候已热如盛夏，即住"胜斯"。亲友相叙颇欢，谈及先兄病逝，均各悲痛。因思兄若无战事，决不离沪，而遂致作古也。感伤之余,更谢亲友襄助之劳,简(东浦)、郭(顺)二君尽力尤多。

在港稍事游览,回忆二十六岁六月间过此,忽忽已三十八年,景象大异往昔。当时,九龙尚系荒山,除少数渔人外,并无商旅,《辛丑条约》租与英国,逐渐繁荣。租界期限,例应九十九年始满,则尚须五十余年始可收还,所以我国人民在港、九置产,只是租契,不过逐年减短耳。香港则沿海填出数百丈,高楼大厦,建筑整齐。铜锣湾一带,昔日均是荒山,常有虎伤人,故山北无人敢行,沿山脚亦渔人不多。但今则马路四通,商市繁荣,尤其浅水湾一带,整洁幽美,景色秀丽,游客至港,必往观光。简君并约余游其别墅,布置甚佳。此地以前不能到,因汲水门山嘴不能行,后经凿出一道,始能通行。"胜斯"即昔日之菜场。海中轮渡亦改良,汽车亦可渡往对岸。吾邑环湖计划如果实现,北犊山大可以此为法。

在港两晤亲家宋汉章先生,漫谈时局,对我见地颇加赞许。后遇陈君,问臂疾电疗后之情况,据告并未痊愈,于是余对电疗思想亦就打消,决定到沪诊治。先分一部分家属到沪布置住处,余等坐邮船于五月廿二回申。船上设备甚佳,使旅人不感航行之苦。二十四日抵申,船中见沿黄浦建筑物颇多毁损,恢复不易,古语"兵凶战危",洵信然也。申七栈房尚完好,沿浦已不多见矣。船至新开河码头登岸,儿辈已来迎接,至华业大厦五楼,大儿预已代租赁房屋。儿侄等久不见,难后相叙,愈觉欢慰。

知总公司各事料理安排尚合,惟债权催迫,无法应付。余思维至再,今兄已逝,一副重担应由余来肩任。欠款不能少还,若照一般办法,七折八扣,不但有损名誉,且亦不愿如此。况我事业虽损，而未损者尚多，如能转机，尽可料理有余，决照汉口方针做去，不难逐步还清。

次日至总公司，同人及诸友毕集，年余未见，倍形客气，深觉沪上一切无异往日，惟事权全非，远异吾兄在日，心中暗觉神伤。是时，福二、七已开，有利；中二、九亦开，有利而希望甚大；讼事尚未解决，待余决定方针。翌日，往访中、上两行主事者，述明汉厂分期还欠情况，尚有四十万，汉行不肯收清，拟请转知港行照收，得复，再收三十万，契据仍存。再商银团，将每月盈余分为三成，一成还银团，一成还讼事和解之各庄欠款，一成还无抵押之零星欠款及维持总公司开支。当事者初有难色，经说明理由，如此则彼此可以安心营业，始允照办。于是，总公司开支始有着落，否则必将减薪裁员，无复有今日之气象矣。各庄请严少兰分向商量，按月以申二盈余提成陆续归还，讼事因即了结。粉厂股份押款，即以粉厂盈余归还。

申四装申九纱锭合同订妥，由余签字，其余四千锭售与合丰者，亦完成手续。到沪不数月，诸事渐上正轨。储蓄部款，亦一一照付。

余手仍酸痛，先请叶慎斋针五次，未愈，渠云"实属心火，非静心不可"，劝余每日静坐一二刻钟，可以养心。一面再请朱弃尘用身电治疗，仍未愈；改请谢剑新推拿，亦未愈。后有古董商张君云，乃兄张雨龙，早年因病习拳术，曾学擒拿推摩诸法，即请来试推。自九月起，每日来推，并教我每日行易筋经三节，半年后渐已复原，但有时心火一起，旧病即发，屡试皆然。

公司调度安排，余既一一布置，外人不明事理者，以为我欲擅权，实则不过尽我扶植之意，全无权利思想。然小人之心与君子不同，暗中谗言，猜疑遂生。余力持镇定，防小人煽弄误会。大儿见此情形，忿火中烧，先是颈间生一郁火痰，请医调治，内外兼理，痰块已散，忽然鼻内出血，有人介绍耳鼻科王某治之，讵心存图利，迁延不为治愈，鼻内日久受伤，据云已成癌疾，非照镭锭不治。余力阻，嘱安心静养。然伟儿求治心切，每日仍去照爱克司光及镭锭治疗，于是越照越伤，余痛心疾首，无法解厄，尽管延医调治，但药力终不敌电力也。

到申不久，即得汉电，申四、福五奉命撤退，指定重庆、宝鸡两地，一再电商当局，非拆不可，否则炸毁。于是遵令一部分装渝，一部分迁陕西之宝鸡。在宝圈地四百余亩，迁去纱锭两万枚，布机四百台，粉机约合出粉三千包，电力三千启罗瓦特。运到后，因材料缺乏，装置不易，恐遭日机炸毁，建于窑洞之内，筹备经年，始获完成。至今为我国西北最早最完备之工厂，屡经挫折，亦不易也。

战事延长，知一时不能回锡，在沪所住大楼，电梯上下，至感不便。大、二两儿另居"萼园"，亦非久常之计，终以合住一处为妥。拟自建住宅，四出觅地，无当意者。八月后，寻到高恩路地，买成四亩余，有"通和"打样，招标建筑，订定造价八万一千元，限六个月完工，过限议罚。当时地价，每亩连费用合一万四千元。其后到此购地建屋者渐众，地价遂高，余家后来再添三亩许，已涨至二万元矣。当日因战事关系，市面萧条，避难者多抱暂居之想，沿街店面，空屋尚多，物价不涨，生活未高。曾至十六铺一带看看，南市一片焦土，瓦砾遍地，再看闸北亦如此，损失綦重，诚浩劫也。

无锡茂新，尚有未做麦九千余担，运沪出售，得价八万余元，除一部分还欠外，余作维持费。申三寄存南方泉及石塘桥籽花，在沦陷时稍有损失，余均装申，售得十五万余元，亦作维持及看管费用。惟申三存煤四千二百吨，已为电厂擅自取用。后来情况日渐不佳，指茂新、申三为敌产，归军管理，花、纱、物料，皆被取用，名为记有账目，实则无法查对。上海申五、六、七亦均如此，遭受压迫，不敢申辩。

是年，福二、七、五均余，申二、四、九亦有利，申二盈余，按月分拆，还去零星欠款不少。然环顾大局，则战事未能结束，人心日趋险恶，投机操纵，囤购居奇，人欲横流，直道难行。纵有经济长才，亦难展其抱负。事业无法恢复，惟有静待转机，暂对一切世事不闻不问，希望早日和平，重返家乡，安居复业。

民国二十八年（公元一九三九年）己卯 六十五岁

三房四孙女智安生。七女嫁华伯忠，绎之先生长子，而子才先生之孙也，留美学储栈科，甫毕业回国。

年初，福二、七均开，申二、九亦开。时外洋尚通，物价渐涨，汇票日缩，影响国外来货。时局则意大利与阿比西尼亚战争，引起世界大战，德、意、日联合成轴心国，于是东方战事一时更不易结束。

伟儿病甚，仍用电治，因其求愈心太切，遂走险途，余力阻不听，心甚忧之。高思路住宅已动工建造，材料价格较往年高出二倍，砖每万块一百三四十元，木材每尺二角八分，钢筋每吨二百八十元，黄沙每方三十余元，水泥每桶十七元，水木工资每工二元。时米价每石十三四元，鱼、肉、蔬菜未涨。地价已步高，因避难到沪者日众，市房租空，住屋亦满，遂觅空地兴建。此时，投资房地产者，获利倍蓰。市上缺现，已有升水，每千元由数元而数十元，至六月间涨达二百五十六元，真是旷古奇闻。投机者日多，纱由三百元零涨至四百八十元，旋降至三百三十余元，后又回升至四百余元。上落渐大，纱、布客销均起色。

申四所装申九锭子，正在排车。运渝部分，已开二千八百锭，为内地各厂之先导。宝鸡已圈地建筑，厂屋图样、位置，皆由余函示，并为日后扩充计，嘱多放宽用地，预料该处将来必须发展，自成商市。所以最初去电，即计划兴办砖瓦、铁工、面粉、棉纺、棉织、印染等工业，盖衣食住三者，为各地人民所不可缺。宝鸡僻在西北，以前未曾建设。昔年陕省人士，曾约余前往创办兴业未成，当时余谓："诸公且待陕省交通运输畅达以后，较可易于为力。"至此，竟践前言，达到目的，因去函请多予照顾、协助完成。

伟儿疾益加剧，为电治所伤，竟至鬓发尽脱，胃纳亦减，诸医无效。余目睹此状，束手无策，惟默祷上苍佑儿速愈耳。时当初夏，屋小人多，欲迁住一处，可照应方便。租得福开森路一宅，五月初搬去。此时原已购得海格路李姓房屋一所，建筑坚固，占地二亩七分六厘，价银九万三千二百元。本拟迁人，因系旧屋恐对病人不利也。

伟儿之病，误于电治，后来自己亦未尝不知，惟为安慰父母起见，从不自言不起，恐伤老人心耳。最后但屡言上当，不意竟至于此！延至六月初四日辰时亡故，呜呼伤哉！儿生于光绪三十二年正月二十八日，余在申，接家中来电，心甚喜，因先育四女，已望子矣，母则望孙更切，常情皆如此也。养而教，至十四岁送入交通大学，毕业后，随余在厂学习。旋由其伯父调申，初在总公司，后出任申二、申五，最后任申一等厂经理，均能尽职。为人诚实勤恳，不作非分之事，不想意外之财，待人接物，一秉正理，深得唐师蔚芝训教之力。民廿三总公司困难时，出力尤多。当危急之际，来锡告我，取全部有价证券至沪救急，并谓："否则有今日无明日，事业若倒，身家亦去。"余见其词意坚决，再三考虑，时方饮茶，执壶在手，因思譬如茗壶，一经破裂，虽执半壶于手，亦复何用！决至申挽救大局，通夜未眠，通长途电话十一次。黎明，乘车抵申，甫七时许。帮助者知余到，事已无妨，押款成，总公司照常收解，风头即平，亦伟儿之功也。后担任改进委员会主任，照余指示，对各厂安排布置，逐渐好转，颇得效力。民国二十四年后，出任申二、五，再调申一厂经理，颇着成绩，兄常称许。抗战事起，申一尚照常开工，渠正在厂，突然被炸，在工厂逃出，险遭不测。伯父作古，伤痛尤甚。请余回申，至为恳切。其后微闻谗言，知事权不一，拟出游外洋，余劝且宜安守，远游我心不安，遂止。不意得此绝症，竟至不起，遗下三子四女，囊无余资，任经理数年，而无一私蓄。长媳痛不欲生，家人劝慰，抚孤教养。余不意晚年竟遭丧明，然死者已矣，无法复生，只有放大目光，养好身体，徐图转机，恢复事业耳。

　　平居仍日以收购书画、古籍消遣，人或以余为消极者，实则聊解心事而已。此时，汇票大缩，美金至八元以内，各物大涨，米每担二十三元，面粉十二三元，纱七百元外，五金涨尤甚，建屋作头要求加价，只得允之。所租福开森路寓所，因屋主拟出售，限日迁出，只得将所置海格路屋修理暂住。

十月一日，搬往，居之甚适，七女喜事即在此处办。

重庆申四、福五均有利，宝鸡厂已开工，亦有利。但事事草创，物料尤难购，而瞿君心意甚坚，决心做好，克服一切困难。后将申四所装申九锭子物料运去接济，得力不少。否则内地买不到，上海无钱难办，均是苦处，此皆彼此联络、互相扶助之效。所以，凡事当知层层相因，不能但顾一方也。

是年，福二、七有余，申二、九有余，福五微余未分，申四有利，扩充再生产。余函告速去天水购地，备福五扩充粉厂，该处将来必可发达，从早兴办为妙。

民国二十九年（公元一九四〇年） 庚辰 六十六岁

四房二孙女智平生。

福二、七照开，分得上年余利，福五亦开，无利；申二亦照常余利，还欠已轻，申九余利，大部还欠。股东方面仅收得官利少许，股东会虽开，盈余并不公开。此时，各部分能公平合理而得利均分者，只福二、七耳。所以押款等皆已清了，事事上正轨。麦从外洋来，粉向北洋去，平心静气，有点薄利，不想在民食上面谋暴利。当日米价已高，幸有人出而维持平价，存心甚善，穷人得以渡过。若照后日之群起推波助澜、囤购居奇者，不知要饿死若干人也。收音机中唱滑稽者痛骂"米蛀虫"，淋漓尽致，天天讽刺，但唱者自唱，听者自听，人心大坏，廉耻道丧，亦复何用？

孤岛分子复杂，隐患暗藏，凡有事业而稍知名者，辄谣言获大利。二儿尔仁任职申二，虽为经理，但业务由银团管理，并无实权。有人前来开纱，不曾开到，心存抱怨。一日，甫出寓所，忽遇匪徒，挟上汽车，不知去向。四出托人设法，初无音讯，后悉匪徒谓其有巨赀，旋查得不实，事遂稍松，经五十八天，方得回家。脱险归来，见渠面色已不如往日，憔悴不堪，静养月余，始渐复元。以后遇事退让，防患未然。当被绑时，余与内人朝夕不安，常默祷上苍，保佑归来，已饱受一番惊恐矣。

谁不久又发生内侄丁春舫自杀事。春舫小有才具，任合丰营业，不料胆大妄为，投机失败，亏数极巨，自知不了，吞烟自尽，可为好事投机者之殷鉴。然若过此难关，即是暴富矣。其后百物大涨，伊具此胆量，焉有不大获其利者乎！惟其不听老成言，出事又不听急救法，终至身败名裂，人之命，家之运乎！

余目击世途险恶，因此一切不问，每日惟收购破书旧画当作正课。此外，阅读古人格言、宋人语录及斩五关，藉资消遣，以度岁月。不如此，则觉日长似年。做惯正事，一旦闲散，甚为无聊。若别图进取，则小不称，大不易，马齿渐增，非其时，非其地，且守为佳。所以不请客，不访友，不闲游，数年如一日。所望早日和平回乡，免在是非场看机械变化。每晨但祷告合家平安，即是福矣。

平居省俭如在乡时，看得洋场习气，奢靡成风，教育无方，殊非久传之道。历观富贵之家，无传二三代者，十年三反复，于今尤甚。余自幼习金融，后学经济，省俭勤奋，得有今日，屡遇风险，均得友帮助，终幸转危为安。三十年来见人家经营之厂，屡易其主，皆由小不慎起。上代好，下代未必能守，此何以故？实由小不慎耳！吾族自始迁祖水濂公明初至锡，累征不仕，务农守分，至庭芳公业商致富，至余兄弟，实由商转入实业，而逐渐扩充，事业几满半天下，然余未尝忘农，故取别字曰"乐农"，不敢忘祖业也。望后世子孙亦不忘农，事事勤俭，始能久传，切弗因余兄弟创有事业，遂心生依赖，托庇余荫，误却前途。然或有人问："何以要如此扩大？"曰："对外竞争，非扩大不能立足。况吾国人口众多，而工业生产落后，产品不敷供应，仰求外洋。近年失业者增多，无法找到工作。如此一想，非扩大不可。在别人看来，贪心不足，力小图大，风险堪虞，实皆不明余志也！"

六月，高思路新居落成，不久迁入。外观壮丽，然非余所乐住，实犯"营华屋"之训，左右邻舍亦皆华楼洋屋，否则工部局核不准图样。余家三年中已迁居三次，舍祖屋而弗居，实以战事所致。新居离市太远，出入不便，非汽车不可，日后如无大收益，不能居也。秋后，沪上物价之昂，空前未有，一尺布价，过于昔之一疋，一磅粉价，过于昔之一袋，实则币制贬值耳。

无锡茂一经兵燹烧毁，未烧尽者又被拆去，砖瓦亦搬，仅存围墙及烟囱、水箱，余屋及马达则为邻居拆去。茂二被军管理，内部尚完。茂四在济，已押与银行，余所经管各厂，惟此厂无利，常告亏折，鞭长莫及，人事不当，始知地段虽好，亦无益也。

申三军管理，内部多遭拆毁，修复不易，何日收回，但看时局。尝读《易》卦《剥》《复》之《象》，剥极则复，盛过则衰，消长绝续，实自然之理。余早岁习商，读书不多，记忆差，看书但记其大者，于唐、宋以下诸史及清之先正事略，均曾涉猎。

明代中叶以前，并无边患，而朝廷之中，小人道长，君子道消，内政不修，国事日非，终于传至崇祯而天下大乱，遂亡。夫阳明先生公正廉明，阐扬理学，削平宸濠，厥功甚伟，门生半天下，方大有可为，而被小人谗言所中，谪边废黜。如当日果能重其人而用其学，则明室必不至于亡也。古之圣贤，其言行不外《大学》之"明德"，《中庸》之"明诚"，正心修身，终至国治而天下平。吾辈办事业，亦犹是也，必先正心诚意，实事求是，庶几有成。若一味唯利是图，小人在位，则虽有王阳明，亦何补哉！不自勤俭，奢侈无度，用人不当，则有业等于无业也。

本年福二、七有盈余，美麦来价日高；申二、九有余，花价日高，纱亦昂；重庆、宝鸡两地之申四、福五分厂皆开，有微利。余近年收入，均为意外吸去，幸得各处略有盈余，堪以弥补耳。

民国三十年（公元一九四一年） 辛巳 六十七岁

四儿生一男，取名智健。

是年，福二、七照开，申二、九亦开，申四、福五亦开。

战局扩大，沿江沿海皆陷。欧西大战，英、法失利。国内则汪精卫组织南京政府，各物统制，商业束手。但统制后物价更高，外汇缩，纱涨达一千五百元，粉三十八元，日用品无一不昂；地产大涨，业此者皆获大利；此外，如纸业、香烟、西药、丝绸等皆涨，铁业获利尤巨，吾锡同乡业此者甚多，平添不少富翁。惟大来大去，开支浩繁，叫苦者亦不少。尤其避难来申，而无职业可以有收入之人，痛苦之极。隆冬严寒，冻死道途之难民，日数十起。普善山庄天天收尸，亦善举也。此时棺木亦贵，闻有以囤购棺木而获巨利者。眼见各种形形色色，记不胜记。

居沪三年来，冷眼闲观各方各事，渐趋日暮途穷，人心愈下，世风日坏。环境若此，何时始可重睹光明！尝叹俗谚所云："不识字好吃饭，不识人没饭吃。"此语不虚。余只得立定主张，从抗战后避难出外，兄避难作古以后，即另成一新时代，从前一切告一段落，计划另创一个规模宏大的企业，取名"天元实业公司"。先将余名下茂、福、申新资金划分股份，余任总经理，七个儿子副之，年长者日后得代替总经理。经营范围专营实业，不可做投机买卖，立下禁例。依余理想，经营项目可分下列种类：（一）属于"土"的方面：凡煤、石灰、水泥、砖瓦等类皆是；（二）属于"金"、"木"方面：如开采矿苗、冶金、铸锻、铁工、化学、塑料，以至筒管、棉条筒的制造均是；（三）属于"食品"方面：则面粉、饼干、点心之属皆是；（四）属于"水"的方面：如漂粉水之类；（五）属于"火"的方面：电气等是；（六）属于"纺织"方面：包括棉、麻、毛、丝、人造纤维的纺、织、印染、整理、裁制、缝纫等等。均须分工合作，地点应审择相当处所，并选产地近、运输便之地区，不必取热闹，工人采自治办法。如在热闹地，不能有副业也。培养人才，从训练入手。如此做法，始虽艰难，终必有成。凡事厚实则基础稳固，取巧必终致自误，可进则进，不可进则守，自己度才量力而行。如无此力，万勿猛进，否则不但徒劳无益，且恐尽弃前功。以上方针，待时世和平，兴办事业，即以为法。但不能牵动原有老股，因先有老而再有新，并非为革老换新也。此非敢好为奇想，实因环境使然，不得不自立系统，方能实行余之主张。回想先兄在日，余无一不推兄为先，由兄总揽全局，企业得有今日之扩大。不幸兄殁，现侄辈皆能自立，但须防小人离间，发生误会，故不得不设法也。

秋间，日、美有议和之说，野村与美总统同学，但未实现。沪上百物又涨，米亦涨，开支大，事业难做。居申无聊，惟日望太平，早归家乡，重整事业，即食粗粝亦甘。吾局各厂皆有存货及存料，时闻人言，可盈几何？可余几何？真如俗谚所谓姑且"暖肚"而已。

十二月八日，珍珠港事变，太平洋战争发生。初时，日方胜利，上海日、伪军进入租界，英、美产业悉被视为敌产，非英、美者亦多牵入，申二、九亦在内，被军管理，同业五家相同。老友钱琳叔知此消息，前来安慰，共议办法，提出声明：我申二、九企业为华商所有，中外皆知，应予归还自营。讵至年终，未见动静。粉厂则未波及，以无存货故也。如此措施，通市危惧。总公司在事人亦感不支，意颓心馁，遽而解散大部分职工，至明年才恢复，工人则解雇甚多矣。

旋经琳叔挽江上达出为设法，相约彼邦熟悉人士疏通解释，未将厂内对象搬去，但只得暂时停工，静待解决。后传闻情况已稍缓和，有理可说，于是稍觉心定，希望解除军管理，收回自营。

是年夏季，得五儿研仁由美来禀，已与刘吉生次女结婚。在外一切从俭，侄婿薛寿萱帮助照顾甚多。刘女在美留学，原由七女介绍，系浙江宁波人，为刘鸿生先生侄女也。

年底，福新二、七厂有分余，均还欠；申二、九亦分余，还欠。庄款全部归清，只欠押款及仓库损失等费二千万有零。余则所得极微，只能撙节弥补耳。

民国三十一年（公元一九四二年） 壬午　六十八岁

三房五孙女智愉生；五儿在美生一男，名智坚。

年初，福二、七不开，申二、九未解除军管理；内地申四、福五之分厂均开，有利。

春间，凡关怀申新者，无日不以设法解除申二、九军管理为前提。至三月间，始得发还。此时物价大涨，传闻币制将改，余拟定还债办法，与大侄等筹商，决定出货全还，所有申一、二、三、五、六，均如数还清；仅申七因另有押款，未谈妥，至秋后始还讫。积年陈欠，至此全扫，可谓无债一身轻矣。

福一、三，茂二，亦有发还讯，再三协商，还是收回后租与原办人，以省周折及拆坏毁损。商订租约，经数月之久，一面发还，一面订租，期限两年，自本年五月一日起，至三十三年五月一日前为止，每半年收租一次；福一、三、六及福新栈则按月收租，微有不同。数年无利，至此稍有微利可分。茂新每股分三元，即五分息也。福新开股东会，议定分配盈余，而股东意见分歧，发生误会，口舌纷争，足见人心之难平也。

五儿在美任事染织厂，尚能自给。战事发生后，无法汇款，音讯难通，外孙等亦均如此，一就水泥，一就纺织工程。三月间，六儿赴渝进商船学校，读一年后，患病辍学，改入他校，空费一年时间，欲速则不达。凡事当稳步前进，如三心二意，屡易其业，必致一事无成。无论贤愚不肖，莫不如此！九女亦同行。古语谓"女子无才便是德"，虽非正论，然余所希望之才，以能治家、知大体、明事理、教子女、睦家室者为上。古今中外伟大人物之成功，得力于母教者甚多。母教贤良，其行为必孝悌，其任事必诚笃，其待人必忠信，对社会义务必肯尽力，经营事业，不图居奇，不取意外之财，谨慎从事，勉为良善，庶几不上辱祖宗父母，下损自身及儿女声誉。余十五岁以前，多得母教，父亲旅外时多，无暇内顾也。余母幼遭太平军之役，家散人亡，常追思往事，痛心下泪，对余兄弟督教之切，期望之殷，殊非寻常。不如此，恐不上进，不能兴业成家也。十五学商，十九赴粤，随侍先君，朝夕训导，读书交友，待人接物，一一指示，并一再诫以"小官不可做，大官无此才具，安心商业，亦能发达"，凡中外名人之如何成功，如何失败，一一说其根源。回忆前尘，如在目前。余一生行事，创业发展，悉照父训，因此深知人固不可以不教也。余自知无教人之方，然主张对女学重在治家，男学重在治事。三十年来，明其得失，今后希望有心人参照余志而行，弗好为新奇，朝三暮四。否则，学小聪明而自误，终至一事无成者，比比皆是。

初，原在公益铁工厂有一木匠，忽起异想，意图谋利，更受人暗中唆使，至日宪兵队诬陷三儿一心，突遭拘传，合家惊诧，旋经讯明不确，释放归来。诬告者坐罪被押，旋又逸去，心有未甘，竟再上控，亦未获准，始告心死，可为害人者戒！此时人心大变，江河日下，若不挽救，道德沦亡，势将无法收拾。余昔年印行《人道须知》，旨在重振旧道德，原期振聋发聩，启迪人心，今则更非昔比矣！

族中创立"族益会"，发起捐款，余赞助之，并题"合力为之"四字于《缘起》卷首。族事先从治标做起，希望逐渐推及治本。治标如修葺宗祠及资助族中鳏、寡、孤、独；治本则必先注重"族教"，凡族中子弟，不论有钱无钱，一一教之入学，从高小毕业再入初中，优秀者资助入高中肄业，凡高中毕业考得前五名者送入大学，毕业后名列前茅者送外国留学，以专门技术为主。如此，则贫寒子弟亦有上进机会。

吾国人才不多，实由教育之不普及故。回想三十年前，如不兴办小学，吾邑工商界今日尚无若许人才也。近年工业逐渐发达，农民颇多转向工厂，长此以往，恐将影响农事。最好工农兼顾，如工厂在农忙时，得任工人轮班请假还乡，从事农业生产，俾可获些副业收入，一年四季不为闲游，乡间更可安谧矣。

余自幼在乡，对农村生活有亲身体验。今迁住沪上，深觉与乡居不同，一人工作，举家坐食，开支綦重，而无副业可以辅佐。于是富裕之家收入有余，终日无事，则聚赌游戏者有之，跳舞娱乐者有之，反致家政废弛，子女学业荒堕，置之不管，反以为天生幸福，应有享受，何必自讨苦去做事及教子女乎！类此者甚多，沪上富贵之家，绝少久传，实因不肯勤俭故耳。如聂云台先生家已传七代，其太夫人为曾文正幼女，自幼得父母之教，至老不忘，更能身体力行，事事为子孙表率，子孙亦恪守家法，专心事业，居家守旧，而学识维新。可见教育勤俭，实为传家持久之根本，切勿视为"老生常谈"。生于富家，即认为有产可恃，有房产利息收入可吃用不完，遂不事劳动，终至坐吃山空。要知"凡事预则立，不预则废"，不顾后来，传必不久也。

得宝鸡信，已在蒲城、白水之间领有煤田四十方，并以"天元"名义申请立案，只待日后时平，即可投资开采。

是年秋后，因交冬时感受不快，小有寒热，延医调治，一月许始渐复原。病中终日静卧，尝思昔年为兄备有寿地，在无锡富安乡华藏西首张山口，下起公路，上至山顶，广五十丈，前临太湖，后座如屏，气概阔大，形势雄壮，颇合余兄身份。惜战事数载，未曾下窆，耿耿于怀，深盼早安窀穸，以慰泉下。大儿葬地，决定在苏州西跨塘七子山白塔圩梅树下。并曾为长嫂备地，在武进新塘乡陈湾山口前亭山，坐北朝南，广数十丈，下自山麓，直至山顶，占地几达全山之半，屡经名家相度，均认为可取。

地理一道，余积数十年经验，又得高明指示，所谓龙真穴的，屡鉴不爽。五十岁后，每遇春秋佳日，辄与精于青乌之知友数人，出外寻地，江南名山，几遍足迹。尝得佳壤数处：一在宜兴张渚南石门园，地势壮阔，下自山脚，上达山巅，计凡山粮田五百余亩；一在武进陈湾殷家旦，山落平阳，东向远望太湖，直对蝉嶂山；一在江阴南闸里观山，坐东朝西南。其余尚有多处，不一一记也。本邑亦不乏佳地。苏州则近年时时往游，诸山皆曾到过，以穹窿山东首一地为最奇，七子山梅树下一地整齐平秀，天平后山一地中正恢弘，龙蟠坞一地巧密幽邃，鹿山一地为奇壮，鳝坞一地为韶秀，徐墓一地为挺拔。以上各处，经再三复看，确切研究，决为吉地无疑。仅七子山南向一地，虽亦觉可取，但未经确实研究耳。余自弱冠以后，为父营葬，寻访吉壤，经两载余始得。后又为母寻地，凡三阅月，觅得大池湾地。以后虽专心企业，而常四方奔走，凡经名山胜地，无不留心风水。所阅堪舆典籍，不止数百种，见过名地图形数千，莫不心领神会。并延名师指点，及参看名手点穴。所谓峦头理气，阴阳老少，均能辨别微妙，自以为有信而不迷之概，尚望我族中之人有好此者，继续研究。吾族自始迁祖水濂公寻地至锡，兴吾一族，冀我后人更能发扬光大，使族中之人多臻上流，子孙繁衍，实厚望焉。

是年，申二、九奉准开锭三成，原棉配给，品种甚差，通市一律，幸底子尚好，勉可敷衍。但存货日薄，而售价日昂，开支有余，派得薄利，等于行庄拆息。福新一、三、六，收得租金分润；福二、七开工为日无多，但停工日之开支甚大，暗暗损失，工人为要求待遇，几乎闹事，后经贴费了结，一场风波，始告平静，股东分余则无着矣。申四分厂已有四处，均有利，因在内地，路遥不知其详。福五各处分厂亦如此，大概均以盈余扩大再生产。天水分厂已开工。该处原属边荒，日渐发展，将来成为甘肃、四川、陕西三省必经之要道，日后交通便利，可成一大商埠。近年，避难同乡至陕、甘者不少，创此企业，使同乡有噉饭之所，将来定不乏有立住脚跟不再回乡者，即成始迁祖矣，亦犹吾南方之"陇西郡"、"天水郡"也。

年来，时间有全面和平消息，余更私心祝祷之，但冀早日实现。市上粮食如此昂贵，小民籴米而食，工作终日，不足一饱，况一家数口，恃以为生者，不将饿死耶！有职业者，但靠固定工资，尚不能维持，因物价高涨，而收入有限。政府天天高喊"增加生产"，无奈食客众多，何济于事？吾苏人口三千万，并无荒地可耕，而生产只敷自食。甘肃地大人稀，青海大于江苏三倍，人口只一百二十余万，地荒人少，大可开垦。如以此两省论之，即移千万人去不为多。在人口稠密之地，不致发生供不应求；在人稀地广之区，得利用余地生产，小民得免饥馁，赋税亦可不缺，诚一举而两得也。

余曾拟订"大农计划"，其办法如下：每户授田五十亩，十户为一村，十村为一乡，十乡为一镇。每镇有小街市，为供应近处人民日用品之需要，及买卖交换之所。十镇为一区，区有区长，管理行政，有街市互易有无，有交通电讯，有学校、图书馆，有工厂企业，并有农业机械（以坎拿大式为佳），全区人民均得轮流使用耕种，毋失其时；且教之副业，如植树、育蚕、养鸡、养兔、养猪，以及西北各地所惯养之马、牛、羊之属，各择所好，分头进行。由一区推至四区，四区成立一县，设县政府管理赋税、司法及一切行政。由一县而推至十县，设行政专区，派高级长官管理之。由十县再推至全省。先从甘肃荒地办起，再及青海各地，择宜于耕种之荒地而施行之。每岁生产有余，则输往下游各地，无论南北，不使粮食缺乏。如此，既可解决我国积年粮荒，更可养活流离失所之贫民，不劳武力，自能措置裕如。人口繁密之省，则以工为辅，制造一切应用什物，以及衣、食、住、行必需品之机械，供应边区。现在吾国关于"衣"之机械，如纺织机等已能铸造；"食"之机械，尚须分原料与制品两种；"住"则北方偏僻之地太苦，都市中太好，均应改善；"行"之关系最大，凡移民之区，由小路、公路，而至铁路以及运货车、小铁轨，均须相互联络。沿路如有矿产，可集合投资开采。各县培植人才，由小学、初中、高中而至专科、大学，总以适合当地应用为前提，高中即宜分科，毕业后，即可应用于社会。

陕省近年大修水利，已筑至十八个渠，生产增加。甘肃必须仿行，宁夏河套应节节筑闸，至龙门为止，利用水力发电及灌溉，使下游无水患。以前河北、山东、河南、安徽、苏北等地，如遇黄河泛滥，田庐淹没，受害匪浅。即如吾邑而论，每逢水灾,估计损失总在二百万以上。昔年胡雨人先生思弭水患,多方研究。锡邑地势,东北较为低洼,如杨家圩、芙蓉圩一带田亩,大水必没,有心人应得设法。后来余当选国会议员时,准备于召集时提出"修浚黄河根治水患"议案。经两年之准备,搜访参考书籍,请教先进专家,实地勘察,研究筑堰、护堤等工程,草定计划,不料议会始终未召集。但因研究日久,所以至今未忘。近年黄河又因战事决水,河流改道,由中牟经河南东部流入淮河,转入运河,入长江,因此常有水患。又若上游水低,则下游成旱。水旱之灾,时所不免。后自开封筑一大堤,通铁路,直达新乡道口,水流已不向山东直冲,将来可分段修浚,由坝东直出海口,用人工分段挑泥,规定河底平面若干丈,起出泥沙,堆积两岸,每面五十丈,堤用∧_∧角尺形堆积,使水力不容横决。通年积水,可行轮船、民船。两岸可种植树木、杂粮,则藉以保障成为平田者,何止数百万亩,下游得免水患者,更不可胜计。先将坝外修好,再开坝放水,直流出海。南北运河,亦须修浚,并作启闭闸,以通舟行。再修河南冲坏之地,以至淮河各地。开封以上,照下游之法修之,从洛阳节节向上。二十年后,中国黄河水患可永免矣。若再将长江水流择扼要处用机器疏浚,如南通以上至江阴一带,镇江附近及焦山后面,彭泽附近之小孤山后面等处,近年多有阻塞,加以开浚,则沿江低洼之地可无忧水患。更以下游拦阻,上游水高,此武汉一带所以屡有水患,上溢下游,焉得不灾。如能疏浚,使归入正道,上流下泻,来去顺利,何至淹没。庶几农商两利,且亦所费无多。

虽然,一事之成,得人而已;一业之兴,亦何尝不如是!

民国三十二年（公元一九四三年） 癸未 六十九岁

三房生一男，名智俭，已望子矣。两年中，三、四、五房均生子，房房均有，为之快慰。

茂二仍租出开，福一、三、六亦同，申二、九开三成，申四分厂三处均开，福五分厂三处亦开。物价日昂，开支又大，骇人听闻，不知止于何底？

正月，诸女以余今岁六九，循俗例酿金治面，集亲友于一堂，畅叙颇欢。是月二十日后至锡，抗战后尚初次返里也。因据人告知，先人墓木被人截去，急需前往一看，果系事实。先母墓上柏树全去，仅留小者；郑巷祖墓，松树大者悉去，小者尚存；先父墓则墓前者尚存，墓后已去十余树。只得嘱守墓者，须当心设法保持。梅园则门口大梓树一对已不见，其余花木尚存；大厅及两轩，门窗俱无，匾对皆空，惟老梅花发，分外精神，暗香疏影，含笑迎人，不见六载，重逢格外可爱，且较以前长大不少，苍老多姿，殊胜昔日矣。园内四周无恙，直至山巅，环顾湖光山色，依旧美好，时适微雨，凝望徘徊，不觉衣之湿也。出园至家中，树木也较前长大，门窗略缺，尘秽满目，无一坐处。至寿增嫂家午饭，饭后闲步，见门前河水清澈，漏道已塞，一水单缠，山环水带，日后族中或更能鼎盛也。

傍晚回城，沿途树木已少，更觉马路分外宽广，难怪行人称便。当日成此巨工，今则无此材料，亦不易办也。至四郎君庙巷，住办事处，为长婿宅。晚餐于福新办事处，诸同人多年不见，相叙甚欢。次日，城门未开，在城访问亲友，并至溥仁慈善会，知经办善举及补助隐贫，比前有加。安君邀余午餐，晚由程君敬堂约宴于公园后之酒楼，战后新设，主事者亦荣姓，族人也。

翌日，城门仍未开，设法出城。至茂新，从外望入，只存围墙一圈及烟囱、水箱，因无法取去，所以尚存。再至申三，自治区房屋拆去一座，其余七座尚存，门窗皆无。布厂则剩新布机二百台一段，原共六百台，已去三分之二矣；英机五百台一段全毁，美机夹英机四百台一段尚存。其余小工厂，但见一片空地；货栈两处亦无，方棚尚好。纱厂水泥钢骨车间未损，三层楼摇纱间已毁，二层楼细纱间小有移动，机器大件尚存，小件已无，修配不易，四边热水管上面之透风管，概被拆毁；底层粗纱钢丝车间尚好，清花车部分已移动，少去最新式清花机一部及打纱头机，另由楼上搬下松花机补入填满，所以骤视之下似无空缺处也。观来现在所做的日本人，对厂务管理尚有条理，开一万锭，日余甚厚。对面电气间内，发电机三座尚存，余则一片空旷，连砖石亦无存矣。看毕，至车站，遇戒严，不能随便行走，只得径行登车返沪。数年积想，得观大概，为之稍慰。

月中，曾与柏云族叔同赴苏州，为大儿卜葬，地在七子山白塔坞梅树下。先至西跨塘徐亚大家，由其妻陪往，点定一穴，二月初破土，十一日登位，大儿从此永安于此矣！山向坐丙朝壬，四山环抱，藏风聚气，为形家之上取，开见净土，龙真穴的，为此山北面之正局，选吉取未年卯月亥日，乙亥义昌在午，水火既济，扶龙生旺。登位时，太阳照穴，雨中现日，亦"既济"之意也。柏云先生为点穴、定向、分金，屡次劳动，至感！

申一、八厂产权，政府派人来说，日方欲购买，余不允。

据星相者言，余于本年四月属巳，恐有口舌，只得留意。至四月初三，忽有部分小股东要开股东会，余以云程①之邀，稍坐片刻，即先退席。后闻小股东别有怀想，大闹而散，余幸得早退，否则将多生一番口舌矣。余频年坐守，对外一切不愿闻问。申一、八产权，日方既无意还我，我亦无财力可接，人才亦缺，主张太散。回想创办时，何等爽快，至今厄运重重，不知何日得见光明也！

六月初，在乡扶乩，乩内忽示云："申三在八月间可收回。"斯时，对收回事，久未提及，心思已灰，亦未置信。至六月十七日，对方来催接收，我云："修理费无着。"谓："无妨，可在申六余额内扣算。"于是二十四日接收申五、申六，二十七日接收申三。余于二十六日午后返锡，二十七日由三儿与大侄等前去点收。细看内容，可开之机仅一万余锭，而拆去物件，比正月间看时，又少却不少矣。修理不易，确实难做，但不做又不可能，因上面规定不做便要拆去。于是计划先开一小部分，带作看守性质。

是日，又至茂二视察，内部尚完，正在开工。顺道至惠山，七年不到，已非昔比，战事毁损痕迹仍未修复。吾锡工商事业素以纱、布、丝、面粉为大宗，今则大部停顿，只面粉一业尚能开工，但亦非由原主经营矣！翌晨，至荣巷家中及先人墓上观看，与春间来时又不同矣。

七月初一，回申，初四余六九生辰，俗有"做九"之风，诸女请余吃面，颇热闹，外孙男女已共三十七人矣。

---

① 云程，即王云程，荣宗敬三女婿，原任申新一厂经理。

申五、申六收回后，未曾计划开工，因无原料，只得稍事修理，派人看守。

八月间，为先兄告窆。先于初二日家奠，到客不少，即日移灵柩上船运锡，十五日午时安葬于富安乡华藏西张山正结，乾山巽向，后枕全山，面临太湖，气概雄浑，为不可多遇之地，与吾兄身份、事业亦相恰称。后人来此瞻仰凭吊，必能叹赏也。

申一仍未收回，因修理费太巨，我无此巨款可贴，且股东内有不明大体者，但图自己目前利益，不顾国家民族，余不愿与此辈论是非，故仍搁起。申三则借款收花，备料修理。

十月十二日，试机，出花卷十二个，至十二月初正式复业。账房改在原来电气间，因本年九月间被军部拆去发电机两部，计三千二百启罗瓦特，运往淮南煤矿及繁昌煤矿两处使用，深为可惜。

九月，二儿尔仁赴内地，临行前嘱三儿等明年为余七十称觞。余力阻，国难家忧，遑论称庆。然同人多力赞其成，并由四儿毅仁将余六十年《行年纪事》付印，备赠亲友，留作纪念。六十以后"纪事"，待时世平静，再续印行。

本年，茂新部分或出租，或停办，无营业；福新部分一、三出租，二、七军管理，其余在内地；申新部分一、三、五、七厂或停或租出，申三试开一部分，申二原料限制，不能做，申九亦同，股东得些官利，已是不易。惟余力主不改为"有限公司"，不加入投机买卖，不想发非分之财，不肯害穷人故也。然人各有志，或以为如此做法不合时流，失却良机，殊为非是者。因此，对此等人只能远而避之。余固非欲好为奇特，不肯随俗浮沉，实因投机害人，兴风作浪，贫民受苦匪浅，亦"匹夫不可夺志"之意也。而大侄终于徇其他股东要求，将申一改为有限公司组织，征余同意，余志仍不改，亦不取津贴，后王君（王尧臣、王禹卿）等则照取，不取者则余一人而已，皆只顾目前未考虑到日后利害也。

民国三十三年（公元一九四四年）甲申 七十岁

岁月易逝，年齿渐迈，行年七十。如仿古语，可称"今年纪事古来稀"。

年初，茂新停顿，福新、申新均如上年。申三开工后，出纱亦不能大大方方做营业，可见不自由之苦处。人心杂乱，各自为谋。三儿与熊源筹划尚合有利，为照顾股东生活起见，实行按季发息。此时工人待遇亦与前不同，住厂供给伙食，买米买柴，宛如一大家庭，职工无挂无虑，始可安心工作。故余以为创办工业，积德胜于善举。慈善机关周恤贫困，尚是消极救济，不如积极办厂兴业，一人进厂，则举家可无冻馁；一地有厂，则各业皆能兴旺。余以后对社会尽义务，决定注重设厂兴业。余年虽老，雄心未死，惜世局未平，不能大举创业，他日时平若健，此志不改。

正月初九，为余夫妇双寿七十称庆，到客甚多，热闹异常。堂戏有俞振飞、童芷苓、王吟秋等，王学戏甫二载，已极老到。寿序九堂，将余平生事业及经历一一叙入，奖饰逾分，殊觉愧恶。但各有特长，爰分别志之，以示感谢。孙北萱先生序，文平语切，所举多荦荦大端；钱孙卿先生序，历叙古来昆弟驰名者甚详，并比余兄弟于南通，亦可作《行年纪事》序文也；唐公蔚芝序，以人为体，以事为辅，心存劝世，凡事不磨之本也；

朱梦华先生序，为华绎之亲翁所书，交深文切，词畅意新，脱尽恒蹊，书法亦端凝遒劲，类《多宝塔》，允称双璧，至堪宝贵，将来石印行世，可作临池规范；杨小荔先生序，立言高古，别有心得，老年作此，尤极难能；邓范青先生序，将数十年来人所不知之事，人所不叙之语，不嫌琐屑，一一记入，可感可感；杨掌甫先生序，以慈善为主，事业为辅，写作两佳。此外，如孙敬人先生所作序言，典雅切实；杨干卿亲翁诗联，词意清新，书尤挺秀。其余书画，尤多名作，后辑成《寿言汇编》，拟俟时平印行。年最高者小荔先生九十四，艺三亲翁八十四，劳驾亲来祝嘏，可感之至。二儿在渝，亦设筵庆祝，并特令六儿赶来拜寿，路遇阴雨，到已逾期，便有所询，余作覆带去。

夏间，溥仁慈善会举办平耀，邀余垫款，允之。

至九月，谣传煤斤来源将断，宜早预备。三儿等恐电力发生影响，决分一部分纺机至支塘，成立分厂，以顾全局开支。秋后开工，并自购小引擎，计造屋、装机共费一千二百万以上。此时，各地企业"化整为零"之风大盛，太仓新创小型纱厂六家，常熟十六家，无锡亦十余家。

此时，百物昂贵，满市涨风，金融利息常在一角左右，银圆每元值二百五十元，黄金每两六万元，铜元每枚十二元，棉花每担四万元，二十支棉纱每件五十万元，蓝布每匹二万八千元，白布一万八千元，蚕丝每担四十万元，绸缎每尺自七八百元至一千五百元，毛织呢绒尤昂，每码一万五千元，煤每吨十万元，柴每百斤二千元，米每石二万元，油每斤三百元，盐每斤四十五元，酱油每斤一百元，肉每斤三百元，鱼每斤三百五十元，青菜每斤二十八元，金花菜每斤六十元，梨一只一百元，柿一只四十元，蛋每个二十元，便饭每客每月一万元。普通一家之开支，过于前清皇室之费用；一厂之开支，等于以前一省之支出。后人必将以为奇谈，实则皆币制贬值关系耳（清西太后每日膳费一百二十两，庆亲王五十两；民国八九年间，江苏全省预算一千九百万元，内除军警费一千一百万元，全省仅八百余万元，是时省长预备费全年仅四万元）。

中秋节，前苏省议会同席为余祝寿，摄影纪念。太仓平耀，仍捐款继续举办，因唐蔚老之请也。大局纷纭，物价飞腾，余以往常主稳定坚持，不随俗流趋，尝劝同人宜静守，过此难关，再图进取，切弗冒险，贪得无益，奢侈可怕。然至此时，已觉难于坚持下去。

本年十月，恰遇"月双圆"。"月双圆"者，公历十月一日为农历之八月十五，而月终之三十一日又为农历之九月十五。一月之中，两度月圆，不易遇也。西人谓遇此吉祥，亦犹吾国人之"百年难逢岁早春"耳。

十一月六日，申三又发第三期股息，共已十二期矣，照原本十二倍。惜物价过高，百不值一，如缩计之，八年中仅收息一分二厘耳。

鸿元兄弟前年组织三新银行，意欲茂新投资入股，余不赞成。因无限公司股东负有无限责任，不容他人代表作主，一股有一股之权，凡有改变投资等重大事务，须经全体赞成方能办理。我国工商界深明法理者不多，忆民国三年与蔡兼三至京，同见张部长（张骞），谈次，谓吾国商人多不研究法律，故与外商订立契约往往吃亏，遇到交涉时，自己立场亦多不合，以后商会应对此注意，倡导研究。当日只作平常语，时历三十余年，今日思之，实有深意。余数十年经营，未尝触犯刑章，二十余岁读刑、民法，三十岁后始有商会，遂习商法，凡事依法而行，至违法取巧之事，万不可为也。

冬来时闻空袭警报，传说南京被炸，三牌楼一带伤人不少。物价又涨，申三又发息。开工将一年，时停时开，原料、电力均感不足，幸筹划未曾失措，工人、股东共同生产，恃以度日者在五百户以上。若以申三全部设备，本可容职工八千人左右，将来修复后，仍当继续生产。经此波折，格外显得实业较其他商业为稳固可恃。如但消极救济，只是一时，未若兴办实业，积极生产，为治本之要图也。夫社会经济建设，必农业生产、工业制造、商业运销，三者缺一不可。今之所以物价昂而建设迟者，即三者不能相辅联系之故也。

物价既高，于是有事业者大来大去，尚能支持；其升斗小民及无职业收入者，往往冻馁，即有慈善救济，亦无补于事。更应物价腾涨，牵及金融，幸纸币发行不需准备，滥印滥发，毋虞匮乏。无论家庭及企业，开支均感激增，尽量节约，犹难久持。

申三于去岁冒险欠债，勉强开锭，经一心、熊源等之竭力设法，改善经营管理，至今大不相同，还清债务，并留出日后修复整理费用及股东生活费，四面八方，处处雇到。无锡一地，有工厂数家在市流转，因此纱号、金融皆大为生色，商市始觉满盘生气。于是益知工业与社会之息息相关，单恃农业，不足发挥也。

本年各厂，茂一毁，茂二出租，茂四停；福新一、三、六出租，福五内迁，福二、八自营，时开时停，福七停多开少；

申一仍为丰田所占，申二、五停顿，陆续售些物资，藉顾全局开支；申三开一小部分，幸存有材料，以物价高涨，颇有润色，股东得有生活；申四内迁，申六停，勉开部分下脚机，藉资开支；申七出租如上年，申八毁，申九开一小部分，并代人织袜，略得余润，然内中存货逐渐枯竭矣。

各厂人事行政，渐趋分歧，各顾其私，破坏大局，以隐瞒为巧，以狡猾为敏，以正直为笨拙，以诚实为愚陋，此风流行，何日方除，思之可恨。尝闻洪杨乱后，执法维严，余在粤时，曾知设有善后局，由按察使主其事，用法严峻，人民有所畏而不敢为恶，至清亡后始撤。昔诸葛治蜀，亦主严惩。今后世治，亦须严法，方能知所改乎。

殷伯雍世兄来申面告，乃父殷彦恂先生于十一月间作古。殷君为竞化校长，曾校《叙文汇编》及《中国财政史辑要》二书，为人儒雅，文墨之外，亦能作画，诚君子也。长校之老成人又弱一个，为之神伤累日。

中秋后，物价涨风又炽，至腊底为极，柴每斤四十元，米每升四百元，豆油每斤六百元，食盐每斤二百元，糖每斤一千二百元，白布每尺六百元，棉花每斤一千元，青菜每斤四百元，萝卜每斤三百元，鱼每斤七百元，猪肉每斤七百元，与春初之价又相差十倍矣。水电价尤昂，且常断电断水，此沪市之怪现象也。

本年十二月二十四日，为余结婚五十周年，俗称"金婚"，子女为设宴纪念。自丁夫人来归，丙申冬生长女以后，陆续生儿育女，渐长则连年婚嫁，不胜辛劳，至今孙男女凡二十五，外孙男女三十七。回思昔日，余致力事业，妻主持家务，流光匆匆，忽已五十年。当日结褵时，爆竹之声，犹在耳际，今则头童齿豁，已成老朽矣（余结婚时，方馆广东三水河口厘金总局，同人送余佛山鞭炮二串"一万响"，计银十二两。佛山鞭炮凤有名，长二丈，须搭竹架燃放，经一小时始毕，故最易记忆）。

本年田赋之重，为历来少有。民国二十六年前，每亩不过一元左右，至上年每亩达四十八元，今则每亩增至二千零三十元，军稻则租田由业主、佃户各半负担，自种田与房屋基地每亩另出二千二百七十元，连正税共需四千三百元矣。人民不胜负担，然亦不得不照纳耳。余本年共完去一百三十一万余元，可谓巨矣。而收入田租，若以抵田赋、军稻，不足尚多，况尚有学校及梅园等，均无生息者，赔累更多也。

本年十一月，五房生一女，因在美，得讯已迟。六儿纪仁于十二月间赴美留学，由内地动身，余命学面粉师及制机工程，不知能有成否？八女毅珍嫁胡汝禧，为杭州庆余堂后人穆卿先生之子，厚重温文，颇好学。

民国三十四年（公元一九四五年）乙酉 七十一岁

正月初三，禹卿提出辞函，因福新内外困难，身体不如从前，经余劝慰挽留，始打消辞意。茂新、福新、申新各厂一如上年，但觉开支浩繁，责任綦重。

初六日，三侄鸿庆结婚，为蔡惠民先生长女宝瑚，广东中山县人，本系同学，由媒说合。是日，证婚人颜惠卿先生致词，勉励有加，至可感纫。新房另宅居住，类小家庭，与余宗旨不同。茶点礼堂，半日之费三百余万，拍照费近五十万，其余一切共五百余万元，可谓巨矣。

此时物价又涨，米每升九百元，黄金每两三十一万元，银圆每枚一千四百元。市上投机囤购，形形色色，倏富倏贫，层出不穷；所见所闻，无非发财思想；通货滥发，犹如脱羁之马；地产之昂，动辄千万；上下交征，不顾平民生活之能否负担也。总公司文牍处一桌饭菜，民国二十七年每桌八元，后加四元，陆续增加，至今每桌一万二千元，菜比以前少而差。四菜一汤，照民国二十六年只值八角耳。物价既高，人的利欲心更大，终日但听得某业赚钱若干，某人获利几何，一片发财声，真足惊心骇目！其实水涨船高，徒有虚名也。

元宵，前苏省议会同席金巨山等二十余人宴集"通园"，最长者季龙图，以钱孙卿年最少，朱德轩（绍文）议论风度，仍不减当年气概。

二月间，分得申二、三、四等厂余润，较前为多，惟支出亦大，明增暗降，物价使然耳。清明节后，各物更高，余全家上下共约七十余人，每日伙食费即需十万以上。自来水每立方尺一百二十元，用过限度罚五倍，电力亦如此，余家时时受罚，每月约需水电费一万元。全家一月开支，等于民九苏省两年之支出。幸得各厂时有分润，不然难乎为继矣。自思我尚如此，其余中小贫苦之家可知也。

至五月，申三分得余利已四次；申二，福二、七，亦有分润，申九最晚，分得已所值无几。此时物价瞬息万变，真所谓"市价早晚不同"也。市上银币每枚一万元以上，旧制钱每个四元，通货膨胀，币制贬值，已达经济崩溃之前夜。

四月初五，外孙女蒋淑英适青浦朱家角陈氏，为名医陈莲舫之后。七儿鸿仁毕业于光华，暂在三新银行学习，俟外洋通航，再赴美学面粉管理。余因业此垂五十年，不可不谋根本办法，日后始能奠定基础，发扬光大；六儿亦望业此。纺织已有二、三、五诸儿，面粉则欲四、六、七诸儿继承，始不失坠也。

本年四月二十五日，中、美、英、法、苏在旧金山召开会议，讨论永久和平方案，出席者四十六国，轮流任会议主席，中国亦在主席团之列，任执行主席最多，至六月二十六日闭会，国际地位增高不少矣。

七月底，申三又发股息，因股东赖此生活故也。

八月十日（农历七月初三），晚九时，听得重庆广播，敌人无条件投降。八年抗战，至此全胜，人民一片庆祝声，爆竹腾喧，欢呼达旦。双十节国庆，与老妻同出观灯，但见人山人海，欣喜若狂，胜利后第一个国庆节也。

没收大批敌伪产业，原皆我国人民血汗，被敌攫去，转而向我榨取倾销，作经济侵略之资本，今我一旦获此，洵属可喜。但日本纱厂接收后，全部改为国营，亦是与民争利，以后民营纱厂恐更将不易为也。若论国家经济，统治者富有四海，只需掌握政权，人民安居乐业，民生优裕，赋税自足，制定预算，量入为出，发行通货，准备充足。如是，则威信既立，措置自裕，对内努力建设，对外争光坛坫，国家局势自有日新月异之效。若措施一差，误入歧途，虽千方百计，终难平稳。因知富强非难事，只在用人之当与不当耳。能用民力，不必国营，国用自足；不能使用民力，虽一切皆归官办，亦是无用，因官从民出，事不切已，徒然增加浪费而已。

申二在十月间发股息两次，幸得早有收入，不然米贵，柴更贵，油、糖价格尤骇人听闻。人心难测，欲壑无底，人人只思抬价谋利，殊不知到底终是不了。国家政费无着，全靠印钞发行，票额频增，漫无止境。余近见政府措施舛谬，有失民心，特上条陈三则：一、币制；二、威信；三、官民平等。婉曲进言，密陈采择，是否鉴纳，不敢知也。

十月二十三日，回锡接收茂新二厂，手续之烦，过于创建。当年兴办，三言两语，即告成功。今则周折多端，来往公文，奔走联络，接收到手，时逾三月，用去车旅费、看守费等，已不赀矣。次日，接收申三电机间，曲折重重，同于茂二，层层推诿，官说官话，不顾民瘼，比之日人，不相伯仲。数年之间，变质至此，大可慨叹。

旋有善后救济总署前来调查，派员陈君邑之，胡家渡人，交大毕业，人极明白爽直；另一坎拿大籍，由美方派来。余陪同视察毁损情况，茂一全毁，申三损六成，公益则机械全去，房屋被毁甚重，看后惋惜不止，谓：偌大工厂，如此肆意摧残，不但违反国际条例，亦有失文明国家之人道主义也。

再至乡间，巡视先人坟墓。先母墓尚完好，树木全去，即于十七日补植柏树八株，聊表心意。祖墓上松柏只剩八株，余均伐去，可恨之极。忆余五岁时，祖母卜葬，次年先父母即在墓旁植树，数十年来已乔木成荫，今被砍伐，虽可补植，而成林固非再经二十年不可。先父墓上则完好如前，仅墓后伐去柏树十余株，皆看守者保护之力也。全山南之坟墓，树木大都被伐，惟章山张姓墓柏树数百株，依然青葱蓊郁，无一损伐，余深以为奇，趋而问之，据云："屡有人来伐树，总是切实恳求，设法阻止，故独能保留。"此看守者，可谓竭忠尽力，足以风世矣！

公益中学已破坏，工厂尤甚。适复旦大学东迁复校，拟假为校舍，遂允借一学期，到期收回自办。但后来又被国立边疆大学借用甚久。梅园花木亦有损坏，房屋则门窗已无，联额尽失，即准备稍加修理。开原路路面颇有损坏，一并从事修筑。家中房屋屡经驻兵，破坏不少，亦加整茸，俾便回家居住。

此行直至十一月初一回申，沿路浏览景物，农田尚能保持原状，其他无一不较战前退步，蚕桑尤甚。工业不求改进，但谋利润；手工艺日趋衰退，利益既微，人亦不甚重视也。不知劳工神圣，实为物质创造之母。此次美、苏之战胜日本，即因其工业发达，科学进化，利用原子氢气，终能稳操胜算。今后我国欲图独立富强，非使国家社会速走向工业化不可。然美国当局对企业生产成本均能掌握，因此出品竞销世界，吾国实应效法。但其制度各自为政，盲目生产，不能通盘筹划，往往商战竞争，此胜彼败，"大鱼吃小鱼"，终非持久平均之良策也。

至我国目今金融界放款利率三分六厘，尚谓"优待"，美金黑市每元一千元，如此抬高物价，放出重息，"为丛驱雀，为渊驱鱼"，真是市侩作风，非执政者所宜也。余为复业，负此重息，深虑将来如果外洋来货涌到，价必低落，则两头吃亏矣。

竞化女校房屋因曾驻日军马队，柱脚损坏，颇难修理，无此材料也。大公图书馆馆内书柜只只翻乱，抛掷满地，少去若干，未及查点，价高稀见及书品较为整齐者，大都已无，损失之重，以此为最。此馆创办以来，二十余年，逐年添购物色，颇费一番心血，尤其孤本绝版之书，更为难得。夫看书为增进学识之根源，学识为人才培养之基础，天生人才究属少见，全恃书籍吸取经验，故历来凡藏书之家，后裔必出人才。人才之兴，良师、益友、书籍，三者不可或缺。余有鉴于斯，缘吾乡僻处农村，贫寒子弟纵有天才，无良师授业，所以兴办学校；无图籍参考，故建立图书馆，今被毁损至此，可恨可痛！由余观之，毁去有用之书，等于摧毁人才，即置之重典，亦不为过。此种文化上之损失，实较企业上之损失更严重也。

十一月二十二日，再度返里。茂二已收回开车，八年不做，一旦复业，为之心快，出粉粉色如前，市上乐用。申三修理已完三万锭，惟因电力不足，隔日开半班，市上供不应求，时感缺货，计划多开锭子，鼓励职工积极工作，同心协力，提早修复。然经此八年，人心变易，大异往昔，自私者多，直道者少，必须在上者大力倡导，重振纪纲，恢复旧道德，人人以"正心诚意"为本，始克挽既倒之狂澜，作中流之砥柱，此世道邪正之所由分也。吾局历经患难，创造不易，规模为国内民营企业之冠。抗战军兴，捐资救国，未落人后。今日事平，犹幸能招集旧日同事，照常生产，私衷自慰。

申三利润之厚，实为前所未有，而开支之大，亦为前所未见。不独我处，通市如是。然厚利少做，非余所愿，能回复昔之薄利多做则好，非但利人利己，亦以利社会也。

入冬以后，伪币调换，二百作一，致将售去汽车价款存作教育基金者三百七十余万元，及另存善举基金五十余万元，均折至极微，等于虚掷，此皆过于信任政府之故也。

一月十二日，即农历十二月初十，又至无锡，赴梅园及荣巷家中，察看修葺，并对茂二及申三计划修复，进行补充。十三日，为亲翁杨干卿先生点主；十七日，为老友浦文汀先生点主。十九日回申。临行前，苏省监察使程中行（沧波），到厂视察毁损情况，听民隐颇详。

是月起，福新五厂（汉口）、七厂、八厂均开；申新一至九厂次第复工（八厂被毁除外），但均开一部分，因原料缺，物价高，熟手少，资金不足周转故也。申三增资至三亿五千万，另发付股东现金三千五百万；申九增资至五亿，原额一亿，加至四倍，发付股东现金二亿；申二、五增资至三亿，申一增资至三亿，均发股息；申六增资至五亿，余为三成，并得股息，此厂十余年来，从未得过利益，今亦照发股息；申四增资三亿，并发股息四分；申七则十余年来迄未上轨，仍无利可分，至为可惜。回想昔日，曾为兄言"地段好无用，还须人事好"之言验矣。若但逞己意，作伪蒙蔽，不思企业前途，不顾股东利益，终归失败，无益也。在英、美，大公司对内有国家法律保障，不患人之侵占，可以全心全意致力国外，开发利源。至若我国，在国内即管理不周，稍远即有鞭长莫及之叹。余经办各厂，大多有利，惟茂四例外，即犯此病也。

国家主政者对工业不肯放手投资，对矿业更无意过问，尤其重工业不发达，国家从何而富强？余独怪今人，但知争分利之权，而不知争生利之权，青年无力经营，老年无意于此，一误再误，不知何日走上正轨！余收入以本年为最巨，然支出亦最多，全年通扯，不如战前也。

民国三十五年（公元一九四六年） 丙戌 七十二岁

元旦，天朗气清，象征胜利后之重见光明。初三立春，申新各厂，福新二、七厂，茂新二厂，次第均开一部分，因大多正在修理，尚未竣工也。

十三日，福二、七发付股息，并升股，为征收所得税按累进计算，不得不如此应付也。最高所得税累进至百分之八十五，如此重税，各厂毁损部分永远无法修复，更何从扩大再生产。生产量不能满足全国人民需要，只得仰藉舶来，增加输入，漏卮日大。所以中国要富强，非急速变成一个工业化国家不可。如果一味只知取财于民，不啻"竭泽而渔"、"杀鸡取蛋"，使百工百业皆抱消极主张，无意进取，国何能裕？民何以安？中国人口多，物产富，正宜利用人力物力发展生产，使人人有工可做，有饭可吃，自然安居乐业。并且今日中国生产之缺乏，不是雇不到工人工作，而是因为工厂太少，在政府正宜因势利导，积极鼓励投资创办企业，始能"人尽其才，地尽其利，物尽其用"，不应苛税重叠，致投资者望而却步。余自日本投降、吾国抗战胜利后，心怀兴奋，方期政府给予协助，庶几东山再起，复我被毁事业，不料恰恰相反，对进行复业至感棘手，兴致为之减退不少，但愿从速转机，改变方针，国家方能久长也。

十二日，回锡，茂二、申三均开。翌日至乡，梅园草草修理，已用去法币六十余万元。梅花正含苞待放，二十四日再度观梅，花已开齐，树亦比昔苍老不少。九年不见梅开，倍觉心神怡畅，各地来游者甚多。回想三十年前辟园植梅，今日竟成为苏省名胜，初非意料所及。惟无知者往往攀折花木，为之可惜。重台三株，花发尤见精神；骨里红一株，则已不见；其他红绿萼，亦损去不少。游客之外，车夫、船妇及吃食摊贩，远道而来贸易者亦不少。楠木厅前，几类一小市集，虽觉不甚雅观，但附近贫民得藉以营生，亦可喜也。

元宵，参加无锡公园公寿杨映潭、朱子文两君八十，其他七十者一人，六十者三人，钱君孙卿亦在内。二十五日，为徐菊粹母点主。二十七日，回申，车中甚挤，无法占得座位，半立至沪。车政混乱若此，皆无调度故也。

五儿研仁自民二十六年十二月赴美留学，入罗惠尔纺织大学肄业，三年毕业，得硕士学位，后在美入纺织印染工厂为职员，曾习人造丝，自称略得门径及业务经验。

二月二十二日，由纽约起程回国，至阴历二月十六日抵吴淞口，十八日抵家。八年在外，一旦相叙为慰，偕五媳刘氏同归，已生一子名智坚，一女名智中。余自从事纺织，已历四十余年，至三儿始习纺织工程，毕业回来，改进经营，稍胜未学。今五儿因战事滞留彼邦，从业五载，略观各大事业门径，将来如能脚踏实地，谨慎做去，庶几不虚此行。深恐或随时流转移，虎头蛇尾，一事无成，或希图虚荣，误入仕途，则学非所用，非吾所望也。

吾国数十年来贫弱原因，以政治腐朽、生产落后与国际市场之经济侵略，实为主要因素。但所以贫弱，所以无新事业发展，则缺乏人才启发之故耳。

二十九日，得申一分润，三分息，为本年第二次矣。目下经营顺利，估计尚可续有分得也。

三月初二，回锡，初四祭宗祠，九年离乡，此次专程返里与祭。初六扫墓，共到六处，以父墓树木最为完好，看守者得力故也。十一日，吊百岁族姑母之丧，其子郁荣宝叩请点主。十三日，祝杨映潭八十寿，并贺重游泮水，特书联为赠，以纪盛事。十四日，锡俗是晚有"乡会"，相传谓之"报娘恩"，提倡忠孝节义，亦隐寓劝善之意。沦陷八载，一旦胜利，人心大快。

各乡盛行至惠山东岳庙进香，四乡麇来观看，热闹异常，他处无此盛况。十五、十六两日均有，余未看，午后回申。

正拟在沪料理诸事，停当就绪后，再于二十六日回锡，二十八日，看盛会，因锡俗乡人迎神赛会，以是日为最盛，而本年为胜利后之第一年，故尤特盛也。不料二十四日上午十时许，乘车至总公司，甫出家门，在弄口高恩路转角，突来匪徒绑架，将余劫上另一汽车，直驶至中山路，转入小路，经数里，停一小舟，将余送入，蜷卧舱内。至廿五晚八时后，始有两匪挟余登陆，在申新一厂前半里许之小浜上岸，转入马路，驶来一车，开约刻许钟，至南车站货站旁下车，改乘三轮车，至一石库门，入内上楼，藏余于一小室，时约九时许矣。室内漆黑，有一人与余同卧，亦不辨其面貌，盖看守者也。此室四无窗户，因此白日无光，亦无灯烛，真黑暗世界也。次日，即有人来问话，后去调查，回来再三盘问，勒索巨赀。余正言答之，且告以无此财力，匪不信，再查，认为确实。拟通讯至家，但四处有军警密布，恐遭逮捕，无办法。

至四月初二日，为送一信，以安家人之心，连日不得要领。至十二日又送出一信，开口颇骇人听闻。十五日，又送一信，始大杀其欲望。至十九日，匪徒知外间风声颇紧，事已闹大，防被破获，始渐迁就酌减。至廿四日后，屡闻叹气，似有弄僵之意，并陆续将室内器物运出，有迁移之状。至二十八傍晚，闻人声踯躅，谓去看影戏，晚饭后，诸匪皆去。至十时后，陪余上三轮车，转汽车，送至姚主教路三角地，另雇人力车，至麦尼尼路五婿宅门外，入内，再通知家中诸人团聚，欢喜万分。

余在匪窟共历三十四天，心中尚能镇定。在黑暗斗室中，终日无事，思潮时涌，从世界、国家、社会，而至事业、家庭，无不一一思之。惜乎欲记无纸笔、无光线，自念平生经验，如万一不幸，未能传至后人，为可惜耳。并想得寿蒋主席一联，联云"战绩空前廿四史，胜利联盟五大洲"，因今岁为主席六十寿辰也。又想得为自己刻印章两颗，一曰"曾入地狱"，一曰"再生之德"，缘在匪窟，所闻种种，悉是害人之事，实与地狱无异。余夜中不寐，屡见白光，知有神护，谅不至无救，故心中较定也。

归来后，始觉经此折磨，骨瘦如柴，腿酸不便行走，在家休养。至五月初五，即赴镇江出席苏省临时参议会第一次大会，各县选出参议员五十人，到会出席四十二人，余八人因地方不靖，未能到会。初六开会，省主席王懋功、议长冷御秋、副议长张久如，均致词，颇动听。张君昔年曾任我处公益二校校长，相隔七载，未知其才长若此，识见口才，为全会冠，前程未可量也。连日大会报告，余骨瘦怕久坐，遂告假去京观光访友。南京本旧游之地，此次重临，觉气象一新，国民大会堂建筑弘广，马路宽整，为全国冠，下关市场尚毁而未复。

十二日，返锡，为捐募江北水灾赈款得一千三百二十五万元，先行解出。休息数日，至六月初九返申，闻绑案已破，匪犯逮捕，指使者起意离奇，可见人心险恶，但恐犹非真相。上海，万恶渊薮，正义直道不易立足，至为可慨。实则起意者为黑心商人，利用匪徒，原拟将余灭口，幸匪以金钱为重，余尚得以生还。此次破案，积匪治死罪者有八人，然起意者以行使贿赂，反而逍遥法外。但此种人天良已灭，日后终无好果。余为心存忠厚起见，不肯发人阴私。呜呼，天下无公道久矣！

连日为募捐赈款，奔走劝募，推余为"实业领袖"，绝不敢任，募款则自应效劳。事由吴（国桢）、杜（月笙）二君主持，得款即直送彼处收转，共捐得纺织业三万万元，面粉业五千万元，余由杨君（杨管北）担任集满足数。

二儿于八月三日乘机赴美考察实业，兼为采购纺织机件，是月五日即抵旧金山，三星期已至纽约矣。六儿入海军后，体弱不合，请假养病，以后只可改做他业，同样可以尽力为国家社会服务也。

此时外汇汇率改缩为三千三百五十元，对修复建筑，又影响延迟一步矣！进口物资，大多为水果、食物及无用之消耗品，与虚化之奢侈品，其中手表与玻璃品亦占一部分。外汇均为这方面花去可惜，国家漏卮日大，全国各地城市倘有一百万人购用外货，通扯每人一百万元，即为一万亿元，与没收敌产价值已可相抵。然敌产尚未全售，而漏卮则悉系现金也。

无锡事业一时不能恢复，为之慨叹。然尚怀有希望，草成《今后之无锡》一书，寄锡厂郑（翔德）、谈（家桢）诸君，藉作口头宣传，鼓吹兴致，或可达到目的。昔年撰《无锡之将来》，今则写《今后之无锡》矣，回忆前尘，不胜伤感！

申六、申九均分派股息，抵补欠款，用费之大，过于往昔。稻柴每百斤八千元，白米每石六万五千元，肉每斤三千元，白布每匹六万元，棉纱每件一百五十万元，面粉每包一万四千元，国产棉花每担十五万元，美棉十八万元，烟煤每吨十八万元。工资亦增，成纱一件，约需工缴六十万元；做麦一石，约合费用五千元以上。各厂有原料可做，尚能应付，万一停工，殊属难处，每月损失在五千万元以上。

九月二十二日，九女墨珍、七儿鸿仁及孙儿智明乘飞机去美留学。余颇不放心，临行再三训迪叮咛，在外不必以学位为目标，只要在事业上学会实用本领，一生受惠矣。余历观留学归来致力于事业者多有成就，走入政治者多学非所用，一入此途，与猾吏无异，不但无益于社会国家，且亦自误，至为可惜，反不若做一农工有裨于生产也。

　　申三升股三倍，亦为应付所得税累进关系，付出股息一倍。收入之巨，本年为最，但以意外支出及应付添购机款，反感入不敷出。重阳返锡，视察修建工程，时隔三月，已进步不少。申三纱锭修完七成，布机四百台正在修理，年内可开，仓库已动工复建，需费在十万万元以上，毁之易复之不易也。大礼堂已整理，双十节全厂职工共聚一堂，余略致勉词数语。

　　同时，茂一计划复厂，先将焦土瓦砾扒平，拆除烟囱，想及建厂时为此而久讼，今日拆去，反花巨款（五百万元），对比之下，不胜今昔之感矣！亦可见万物万事，合用则存，不合用则必为时代所淘汰也。拟先复公事房，需费至两亿五千万元，建复大不易，四儿努力之功也。定购英国最新式磨粉机，因此厂为我局各厂主起点，不得不特加注意耳。茂二亦添机二副，其中一副备日后复建茂新三厂，俾仍可补足茂新四个厂之数，总计划每日出粉三万包，以后看营业如何，再定方针。

　　公益中学已复校，校务主任荣汉成，余前往视察，并与诸位教职员一叙。公益铁工厂正拟计划复业，但母机一时不易购得。原址暂借与国立边疆大学复校，开学之日，余列席致颂词，略谓："吾国遍地物产，尤其西北边区，大多未经开发，只因缺乏人才。诸君学成回去，大可从事开发。事业之成，只要用心与动手，徒恃大资本无益也。欧西各国大企业皆从小资本做起，余亦如此，以前有余力即事扩充，今则有余财即事修复，修复之后，能多余则再事扩展。凡事用心则无难事，只恐无坚心毅力去做，则百无一成也。诸君前程无限，将来为国效劳，尚希勉之。"

天元麻机已到一部分，而厂址尚未决定。余心中以本乡为佳，但缺少赞助人，购地则处处居为奇货，因此至感踌躇耳。麻纺事业在吾国尚是新创，决定先从试验做起，然后逐渐扩大，此为余晚年唯一之理想，不足为外人道，待成功后，人人可效法继起矣。余之令二儿游美，七儿留学，皆与此事业有关，希望得些经验。国内人士均目余为大实业家，实不敢当，倘再尽力十年，各事创齐，理想各点一一实现，庶几或可言大。所苦近年收入款项常遭用散，难于积累，而国人大多无远大目光，以为余饱暖坐食，终生尽可足用，何必再需若许钱财，不知余别有远见，另图大规模之事业也。所望政府倡导兴业，具远大目光与伟大气魄，不斤斤与民争利，删除苛杂，保护方在萌芽之工业，并将此旨载明宪章。若照目前捐税重叠，即原有企业尚难立足，遑论新兴。殊不知做官为一时权势，不宜予取予求，任所欲为，致万民陷于痛苦之境也。

十五日立冬，返申，各事如常。余离沪日，诸务均有人代为处理，大事则函告于余，便利不少。

十一月十五，国民大会行开幕典礼。中山先生民初制订约法，即拟于最短期间召开国民大会，还政于民，实行民治，此创造民国先觉者之公心也。不料扰攘纷纭，延至今日，无论在政在野，吃苦不少矣。今虽开成，惟中共问题尚未解决，所望化干戈为玉帛，早日协商，共谋人民幸福。大会制定宪章，此为国家根本大法，万世基础，能善用之，则富强东亚，指顾间耳。对经济事业，先将地下地上应兴之利一一启发，有碍民生之弊一一革除，税宜简而易征，法宜决而不乱，通货稳定，信行中外，政府、人民通力合作。对文教事业，首先做到无文盲、无游民、无盗窃，选举真才，为民服务。人才正，议论自正，兴革亦正，孰贤孰圣，出自民心。古语云"王道不外乎人情"，此即"天下为公"之道也。万万不能因一己的偏见，而选出不正派者，即无"公心"之人，否则人民吃苦不浅。社会贫困，国力不振，国防不周，天下多事，治安不宁，工厂凋敝，事业难发展，皆由选举不得其人也。古云"得人则兴"，旨哉言乎。

近日百物尤贵，柴每担至一万五千元，肉每斤五千元，其他日用必需品随涨，幸申二、申九又发股息、余利，得此两款，始可还去欠款及机款。余之事业，皆由日积月累始成，如果用于吃着游戏，与社会生产无补，事业亦无从建设。故一地必须有人提倡事业，开辟风气，人人节约勤恳，以有余之资投入生产。如此由一人为倡，而影响一乡，由一乡而影响一县，由一县而影响一省，以至全国，如今之美国即是。记在清甲午以前，中、美社会水平，初无大异，近五十年来，事事入正轨，人民安居乐业，因此科学发达，事业发展，国势自振。我则内争纷扰，年年多事，赔款及入超二项，流出资金不可数计，生产不上正轨，地上有荒芜，地下来启发，藏富不用，漏卮日大，民智未启，即有稍能从事生产之人，反被视为目标，此耗彼用，浪费虚掷，资金不能投入正业，社会尤多叫苦之声，不知兴业之道，事在人为。《大学·序》说"治国必先齐家"，然"齐家"还要有经济，如果无以养家，必难修齐也。

日在乡间，与农夫谈谈，颇有意思。与市井中人谈，常恨少真意，遇有真意者，即是成人事业而明理之人。今战后社会各级混乱，如何收拾人心，使上正轨，必从农工开始，逐步使商业流通，教育普及，政治清明，民生安居，正气日充，邪气渐消。此时，青年未染恶习，日思正经事业，过去堕落之邪佞分子，逐渐年老死亡，二十年后，必见真太平。

十月二十九日，回锡，专为天元购地。麻机已陆续运到，但厂址未定，心中焦急。乡人不思生利事业有益地方，互助玉成，反遇到建厂需地，视为奇货，扳价不售，再三托人，勉强购成二十余亩。

申三已建仓库二百五十方，造价十一亿；摇纱间二百方，造价二亿；修复纱机已开五万锭，布机二百台。虽尚未完全恢复原状，而一切建设气象焕然，工人福利及应有设备均复。工资甚高，工人亦满意。惟有一般游手好闲之徒，煽动工人要求年赏，共付出四亿以上，尚未满所欲，此风若长，将来不了。茂二等亦均付出。茂一已建公事房二十五方，需费二亿半以上。幸本年营业尚顺利，皆相助者努力之功，别家尚未修复开工也。北塘办事处新建房屋，需费一亿以上。

初二在家扶乩，太行师尊及各位仙师指示一切，兼赐丹方，可救急病；并示时局可平，且获丰年，请王德超（云轩）绘图以记之。

十一月十五日，国大开幕，至十二月二十五日始毕，通过宪法，至明年一月一日公布实行。

年终，申二、三、六、九分得股利。茂二开工后，有余即还机款。如是，不难逐步恢复。

是年十一月一日亥时，二房添一孙。尔仁在美未回，九女、七儿等均由渠为之安排。九女入大学；七儿进爱理司粉厂，并在夜校读书，每日工作九小时，工资每月一百九十元，藉补学费；智明亦已进高中。

本年，茂二营业尚顺利；茂一除复建公事房之外，打平基地，拆去烟囱，已一千万有零；茂三已定机，方准备恢复；茂四亦在整理，因路远未开工；希望明年四个厂均可开出。福一照开；福二、八时开时停，原料、职工都有问题，上级管理者心灰不积极，所以如此；福七亦同。福五汉厂开一小部分，其余待订机运到，始可开出；渝、宝两处分厂照开。福三、六，本已修好将开工，以大部分化于修理费，无力办麦，内部工人又多问题，明年若再如此，开工尚无期也。申一先开二万锭，下半年陆续修复至五万锭，连借进四千锭，共开五万四千锭，营业顺利，惟修复费用颇巨，余利不如以前。申二开至六万锭，营业亦有利，得资时分。申三由二万锭修至五万锭，修理费甚巨，仅修屋、建栈已十三亿，其他零星建筑尚不计在内，连同修布机、添电机、纱锭等费极巨，希望明年新机到后，可复旧观。申四重庆、成都、宝鸡照常有余，汉口厂房虽收回，外洋定机未到，电机装四千启罗瓦特，需费十二万万以上。申五开至三万余锭，申六开至五万锭以上，亦均有余。申七以用人不力，无报告，亦无分余，自投资至今，分文未得，所谓"同本不同利"也。申八已全毁，未复。申九最佳，未受战事损失，常开十二万锭以上，惟电力供应不足，无形之中少赚不少，然已佳矣。余力添购新机，预备改新去旧。明年营业若稳，各厂有进步之新希望。

惟工人要求太高，仅年赏一项，为数即在五十亿以上，似觉寒心。大股东所得，远不及此数也。经此大支出，新计划大受打击。余自思，何苦负此风险，自讨苦吃，尚望今后贤明政府有以改善。

福二又加资一倍，并付股息五成；福七亦有，然不合法，将来纠正。本年各企业皆有分润，照前增加万倍或七八千倍，而所得反不及战前为多。然支出之大，远过以往，即从数字观之，已足骇人。尤其纳税之巨，更属可观，照民廿六前全国岁入岁出之数增加三十余倍。因此知发展企业，一方面亦可培养税源，若一味节制资本，扼住企业发展，等于藏富不用，造成漏卮。资金不往正途生产，必将流弊丛生，或重利盘剥，或奢侈浪费。故国家对于有关国计民生之企业，急应奖励扶助而振兴之。如美国今日财力富足，为世界冠，国内各专一业之大富豪，共有六十余家，但在数十年前，只有十大富豪耳！

本年因经济关系，拟添新事业无一完成，当日最大之理想缩至最小而止。物价高涨，工资、物料无一不昂，以致成本颇高，幸原棉早办，尚能有余耳。然年赏支出超越预算，结果借入款项，方能应付。美国生产发达，倾销世界，但对国内工资有一定尺度，不肆意抬高，亦为维护企业故也。我国行宪有期，深祝亟亟改良。

本年形形色色，收入巨，支出亦巨，修复稍有成绩。余历年向以"生产迷"自命，今日方知实为不迷也。

民国三十六年（公元一九四七年） 丁亥 七十三岁

元旦阴，百物昂贵，负担颇重。初二，尔儿由美乘机返沪，中途因多云退还，颇念。迨抵家，甚欣慰，近来乘机时有出事也。备述美国状况，可羡可喜，五十年前所闻，不知有今日之大进步。坎拿大三十年来进步亦快，农业大可效法。

茂二已开；租办顺丰德为茂新三厂，亦开；茂四正在修理。福一、二、五、七、八，均准备开，福三、六停。申一至九厂均开，大多在修复或添设。如营业平稳，本年为建设之年，所定粉机、麻机，均可运到。

年初六，返锡，因苏省临时参议会十一日开会，即于初十赴镇出席，住中央饭店，到各县同席四十三人，以老友为多，年最高者鲍勤士，八十一岁，相聚一堂，共话平生，互谈各地情况。会上连日由行政长官报告，值此诸事棘手之际，处理诚亦不易，然尚不能尽如人意，颇多起而责难者。余此次未曾提案，仅建议"加强江苏省银行及农民银行组织，扩展业务，即以售出大生纱厂官股之款入江苏银行，以售出官地之款入农民银行，生息流转"，不知能采纳否？

十四日，因体力不支请假返锡。旋又与蒋竹庄、胡尹皆等提议《请疏浚河道便利运输案》，因苏省各地大小河道年久失修，淤塞阻碍水利，且关航行，应先就江南各干河着手进行：（一）自镇江经丹阳、武进及江阴以达无锡，导入大渲，出太湖；（二）自溧阳、宜兴经无锡而贯运河，经苏州出胥口入湖；（三）自苏州经昆山出吴淞，入海。人力财力，则利用国际救济物资中之挖泥船，及利用失业苦工、各地难民从事此项工作。并指定湖滨浅滩入圩田，予以堆积疏浚所出之淤泥，使成良田，增加生产。

在锡，曾至大池湾母亲坟上，树木又被伐去，松柏苍郁之区，变成童山濯濯；祖墓上只存五株，父墓窃去五十余株，可恨可惜。梅园正在修理，春寒梅花滞发，较往年晚却半月，至二月望后方开，茂盛则胜于往昔。近日来园游览者，日必数千人，颇多不惜远道而来者。前人不知利用风景园林，可以吸引游资，振兴商市，欧西如瑞士，即用此法，每年收入可观。

月初，因金价提高，百物昂贵，引起政潮，宋下台，纷纭扰攘。论其为人，抗战时期筹划财政，不无劳绩，无奈胜利以后，冲昏头脑，忘了民生疾苦，不顾人民负担，一贯其高物价及重税政策，以致民怨沸腾，迄今辞职，犹为晚矣。然如果政策大体不改，无论何人上台，终难博得民心。吾国缺乏真正经济人才，即有一二贡献意见，而执政者不加采纳，终至焦头烂额，屡易其策，而百无一是也。

抗战前，全国每岁预算十万万元，一切税收尚简，人民安居。经八年抗战以后，币制混乱。今抗战胜利，内战未停，国家岁出预算不能正确，用款之大，门类之多，均需从税收上来，叠床架屋，仍不敷用。于是，只得增发纸币，通货膨胀，而物价愈昂；物价愈昂，则纸币愈不敷用，陈陈相因，伊于胡底，终必整理，今其时矣。减税节用，为战事平定后必经之过程，所望国大代表为人民解除痛苦，核定国家岁入岁出，何项收入，归何项用。总之，必须分利人少，生利人多，一款有一款之实用，一人有一人之生产，社会自能上正轨矣。币制若改，必用金本位，时机已到，不容再缓。如将民间所藏金银，以代价收归国有，作为准备，国际信用既固，人民亦可易以生息，利国利民，此经济转移之要着，富强之快捷方式也。

二十六日回申，一切如常，惟物价又涨，柴每百斤二万四千元，米每石十一万元，油每斤三千元，肉每斤五千元，一家开支，不易维持。事业均谋进步，非修复即扩充，在在需费，因此，竟感左右支绌，调度困难，进境殊缓。内战不了，民困难苏，民怨益深，青年因无生计，走入歧途。历观前代，凡物贵税重之时代，无一不乱。王道无他，省刑罚、薄赋敛而已。今反此道而行之，且事事限制，不啻无形之桎梏！层层苛税，何异万民之锁链！社会何能安谧？事业从何发展？国家何由富强？当国政者，务望三致意也。

申九分得股息，申六亦有，该厂近购进国光印染厂。吾局纺织而能印染者，昔有申四，今为申六矣。申五订购纱锭已到，添装最先。福五、申四交到上年官息，宏文纸厂亦有，该厂为增设沪厂，余加资二千五百万，余为他人认去。

闰二月初六日回锡，督看复建茂一厂房，初八破土。回想四十六年前二月间，建厂动工，今已改造，能无今昔之感！十四日清明，至乡祭宗祠，至梅园看修理，瞥见樱花盛开，烂漫如云，今睹此花，尚未能忘昔日之痛耳。

诵幽堂匾额已重行装上，四周稍稍修复，各地来游者甚众。翌日，复到惠山一看，树木多为驻军及地方宵小伐去，培植不易，十年不能恢复旧观。二十五日扫墓。

申三已动工复建，桥亦改阔，发电机再添二千启罗瓦特。天元地已购妥，麻纺、棉纺均在一起，不日兴工，秋后可望建成。然事业之不易，立业之艰难，非身经者不能知。但差幸余积年理想一一实现，人生晚年，能从事于自己所计划之事业，亦乐事也。公益铁工厂复业，事在必成，缺乏人才，尚在物色中。

二十八日回申。福一上年复业，至年有余，分派官息，收到五百余万，加股一千一百二十五万元。福三未做可惜，反而用去修理费甚巨。申五添机二万锭，已恢复战前设备矣。

初四日，为长孙智钧结婚，娶恩施樊氏，为樊山先生孙女，久居沪上，由徐、杨二君作伐，诚属天缘，贺客盈门，余心弥慰。

初六日，回无锡，孙科副主席莅临，过寓叙谈，陪同游览梅园及湖滨风景，翌日返京。孙君福泽甚大，四世同堂，沉默寡言，无政治习气，其夫人衣着朴素，类平民家庭，随侍子女，无丝毫贵族气，至可钦佩！

茂一已建好一层，全部共为五层，水泥钢骨，工字铁大料，颇坚固。预计厂房部分至九月底可完工，公事房已落成。申三厂屋八百多方已在建筑，六月后可完工；账房间亦在动工，男工宿舍方在兴建。若至秋后，气象当又不同矣。

天元栈房、公事房均已完工，为节约起见，皆用外国流动房屋。厂房平屋近四百方，六月中可完工。因事误时数月，致物价又高，成本合重，吃亏不少，幸在事者并不灰心，必底于成。天元厂址在西门外沿梁溪，惜因当地产权所有者用心居奇，高抬地价，未能扩大进行。此风自昔已然，不意数十年后，仍依然故态，将来若由政府订立专章，兴办工业可用圈地法行之，则省力多矣。

四月，申三发官息。

五月，申九亦发。余近半年收入，全移充天元投资。在沪料理诸事，至六月初六日至锡，观看粉、麦。本年小麦丰收，粉厂或可占利，惟吃本太重，全藉借款流转，高利可怕，同时出路被禁，如能放开闽、粤一路，粉销即可不致积滞，人民亦可得有供应。近年政府中坚分子太多，但均只有新学识，对实际问题似不能面面顾到，往往甜者甜，苦者苦，会议终日，名为出自公议，实则一意孤行，假名欺众，其结果不良耳。

尔仁由光华大学赠与荣誉法学博士，因其对社会经济事业有所贡献，亦以鼓励人心也。

五月十二日，回无锡看麦市，劝同业收价平稳，保存大体，自能有利。申三新建筑进行甚快；茂一厂房已筑至二层，公事房已完工，均照原定计划建造；天元公事房已完成，栈房亦竣工，厂屋正在进行，亦快。

分得申六股息。指数更动，工资加高，无论举办一小小建设，代价极大，得者浪用，出者丧气，互不实惠，殊非人民之福，实为社会事业失败之根源。八年战争，得此恶果，意所不料。推原其故，亦受日人侵略之遗毒也。非改革币制，稳定物价，降低成本，无法恢复，遑论发展。

七月初二回申，初四生日，诸子女及亲友等相叙颇欢。分得申二股息。二房次孙智宽赴美留学。余家有七儿、九女及二房两孙在美，每月共需费用一千美元；外孙中则五女所生美生、三女所生能伦，亦均赴美留学。由此观之，每年流出甚巨，余意国内大学应以实用为主，如果办得好，较外国为便，且免漏卮。因与子侄友好辈谈之，均同余宗旨。复经吴稚晖、戴季陶、章若渊诸君力赞其成，余虽觉时间尚嫌略早一二载，但迟早总要办，决计进行。择定校址后湾山，呈请备案，批准建筑。先行招生，分设三院，暂借公益开课，俟校舍落成，再迁入后湾山。惜地方不大，只能将来徐图扩充，或可伸展至宝界山一带。

六月后，雨水过多，苏北十六县水灾，举办捐赈，成立委员会，纺织方面聘余为劝募委员。

七月十二回锡，天元厂基三百三十方，配装一万锭。奈物价又昂，厂房全建平屋，至九月完工。订购纱锭，运到已迟却数月，海关对进口物资颇加留难。此次创造，大吃苦头，小企业花却大资本，造成亦无大利益，若照拆息计之，大亏本矣。最不合理者，指数增，工资涨，原定预算计划一一打破。安装麻机，发现缺少头道脱胶部分机械，不能纺麻，改纺羊毛，但毛条不准进口，只能俟有机会代做，略取工资，以免亏累耳。幸纱、粉营业尚好，略有分润。

八月初六日，赴镇，参加省临参会第三次全体大会，出席四次，体力不支，告假返里。镇江地方情形较前进步，马路开阔，比前不同，水流改道，北固山下将来可成商场。申九在丹徒口（丹徒口，在江苏镇江、丹阳之间）购地五百八十余亩，备建分厂，当地人士渴望兴办，惟目下物昂工巨，无此能力，日后有机会，必能大兴。车过丹阳，该处已成立丹阳纱厂，为友人胡君皆、束云章在一年内所兴办完成，地方顿见繁荣。各地多思效法，奈物力太贵，不易举办，已成事业，尚徒存虚名，况初创者乎！我局两年来扩充事业，大吃苦头，幸有以前老厂统扯，得以弥补。天元先从毛纺试做，尚好，因机械不全，代人做毛冷，藉得工资。机件不久即可进口，约在明春装齐。

十月二十七日，江南大学举行开学典礼，吴董事长（吴稚晖）、戴副董事长（戴季陶）（按：江南大学董事会成立于一九四七年八月，由吴稚晖任董事长，戴季陶、荣德生任副董事长；一九四九年七月改由荣德生任董事长，钱孙卿、荣毅仁任副董事长）均因体弱未到，由余代表任主席作报告，略谓"吾乡最先有小学，尚在前清光绪三十一年，高小尚在清宣统元年，中学则至民国八年始办工科、商科两班。至民国十三年改为商科一班，民国十七年以后注重工厂实习，至二十六年每日可出新式布机八台，较日本之丰田式、英国之狄更生式为佳，价亦便宜五成以上，其他如面粉机、纺纱锭亦可做出。正在准备大举制造，而抗战事起，工厂机械均被拆毁，所存生铁五百九十吨、紫铜百余吨、钢条及各种材料悉被劫夺，至今未复。以后拟在蠡桥边购地，创建铸造机器工厂，工科学生可以藉作实习，造就人才，为国效用"云云。

茂一厂房已完工，正在安装麦机，所开水池无法筑住，费工甚巨。此厂昔年建造，基础坚固，后来出粉至每日八千包，年年有利，且为吾局一切企业之发源，不幸被毁，余最为痛心，时刻以筹备恢复为职志，命四儿计划复业，以吾心为心，经两年之久，始见完成开工，堪以稍慰。事关社会建设，且与民食攸关，固不独为余一人一家计也。今之青年，往往喜空言理想，不切实际，生产日落，生齿日增，若不迅速改弦易辙，亟起直追，永无富强之日。余虽创有区区事业，但沧海微尘，殊不足道，总望政府提倡，加以维护事业，前途庶几有望。

申三接收，连年修理，先后由河东工厂、自治区、宿舍修起，陆续整理，织厂开至五百台以上；河西大部毁损，只剩大烟囱一座，电机一部被占用，犹未大损。去年先从栈房复建，至今完工；再整理电气间，添装二千八百五十启罗瓦特。旧电气间房屋改为公事房，更延接而扩充之。河上桥梁亦改宽桥身，又添膳厅、门房，并加建新机间八百余方，均钢骨水泥楼房，可装四万纱锭，再装新式轧花机四部，连同修复老机五万五千锭，共有九万五千余锭。此项资金，皆由近年生产盈余，除去股息外，其余即用在再生产。修复添建，未尝由股东增资，全出同人合力运筹之功，大部分则为三儿与五婿共商进行为多，厂中实干则谈君家根、郑君翔德之力为最。得此成绩，弥深欣慰。所望以后赓续既有基础，群策群力，和衷共济，联合职工，努力生产，遇有机会，再图进展。更望社会人士知生产之重要，对事业应爱护，俾事业易兴，收效更大。回想四十五年前，筚路蓝缕，创业伊始，由小做大，以至今日，自思亦甚可笑。有此成就，殊出意外，深愧既非实学，又无财力，事业但凭诚心，稳步前进，虽屡遭困厄艰难，均想尽方法应付，终告化险为夷。抗战八年，初意以为无望，秉我诚心，唯求胜利，竟得如愿。凡我各厂，一一收回，逐渐修复，再过一二年，或能恢复原状矣。

报界人士对我事业每作鼓吹，但事非其时，谬采虚声，实不相宜。收税人员，忠于职责，加紧征税，不知负担者之苦痛。尤其多收多用，减弱生产能力。若得急公热心之士，条陈政府，减收减用，使国家经济走上正轨，事业日进，人民幸福。余作此言，缘今日事业与余胜利前所定方针，实已缩至最小限度。计划未成，抱负未抒，深觉痛心！但事属实在，非怨言也。

十月后，茂一装机，大约三个月可毕，试车当在明春。二月间，此厂重建，机力设备过于从前，事事坚固，务求胜人一筹。天元麻机大都装好，刻下正装纱锭，明年完工，资力不足，勉为应付。申三新工厂建筑牢固，新机亦佳，已开始安装，明年可完，出品当更能出色。此厂全从生产盈利，群众合力，复建而成，甚非易事，幸动工尚早，否则难成，因物价高、资金过重也。公益铁工厂已在蠡桥附近购地四十亩，建造新厂。江南大学校舍将完工，明年可迁入开校。

十二月五日，即农历十月二十三日，老友邓范青特邀集年在七十以上诸友小叙，最高者俞三暎九十，次邓静伯八十六，杨映潭、朱子文、宋楚珍各八十一，钱西林七十九，蔡松如、陶伯方各七十六，余七十三，连主人七十七，十人共为八百龄，诚盛事也。余拟七律一首，以纪其事，由主人录下，谓可传后。诗云：

事业区区岂足豪，乡评似未识吾曹。

绵绵生齿自天锡，辘辘饥肠遍地号。

课税横征猛于虎，金融诡计狡如猱。

和平国运何时转？十友合年八百高。

结句表明十人合成八百岁之意也。明年拟更集十二人为一千岁，于新春作千岁宴，当为盛世佳话。

十二月二十九日，苏省临时参议会开会，选举江苏省监察使五名。余先一日到镇，寓上海银行。次日上午九时集合，全体实到五十七名，依次投票，余选刘平江，不待开票，即登车返锡。刘君，徐州人。

一月二十一至二十三日为立法委员选举，竞选热烈，开票以薛明剑为最多。惟此次立委选举，改采直接选举办法，以致纷纷扰扰，劳民伤财，实则不如以前用复选办法之简单实在也。

余于阴历十二月二十一日回申。不二日，申九发生风潮，因工人要求过高，厂中不允，即行罢工，至三日后，事益扩大，并有人从中煽动。市政当局派警弹压，如临大敌，死三人，伤数十人，捉去二百余人，始告平息。厂中损失甚巨，闯祸如此之大，实为从来未有。①廿七至申五看装好之新机二万锭，已开，甚好，现纺三十二支、四十二支纱，即二十支纱亦拉力甚强，在八十分以上。新老相比，出数不可同日而语。我处各厂机新旧不一，出口标准亦各异，生产率相差甚巨，因而成本、余利亦互相不同，出入甚大。此皆主其事者只图近利，不致改善经营、取法进步之故也。

是年茂一复工后，平稳有利，茂二亦佳，福新相同。申新各厂则好次各别，添机扩充，进行甚滞。自一月至十二月，开支大却十倍，存棉用薄，无法补进，原料昂，工资大，物价贵，利息高，捐税重，周转无力。今年勉强维持，明年如何，殊未可逆料也！

民国三十七年（公元一九四八年） 戊子 七十四岁

元旦晴，物价更贵，与昔相比，不啻十余万倍。上年茂新一、二厂时开时停，扯有薄利；福新相同，仅四、六两厂全年未开。申新一、二、三、四、五、六、九，均尚有利，惟通扯微薄，不过二三厘。外强中不实，虚有其表，外间传说如何如何，均不实也。照此物价高，成本大，利息重，本年营业未可乐观，只有苦守坚撑，或可立足。正月初六，各厂均开，但政府实行统制，原料不足，捐数频加，无异置工厂于绝地。六个月后，自见分晓也。

初六午车回锡，一切如旧。开市百物又涨，比年前高一二

---

① 指发生在一九四八年二月二日上海申新九厂的"二·二事件"。

成，米近二百万，麦一百二十万，粉每包八十七万，油百斤四百五十万，金每钱一百四十余万，其他可以推知。然则何以造成此不可收拾之状况？涨风之起，金价为首，米价接踵而起，工资、利息亦随而增加，入不敷出，人人道苦，希望迅速调整，人民庶几可以来苏有望。但非枝节问题，若不从根本彻底解决，仍难见效，数年以后，势将无法收拾。

今年，学校方面公益照常上课，初中全办，高中仅一、二年级。江南大学理工、文、农三院照开，惟费用过大，不易维持，新校舍建筑未完成。梅园整理，因费用太巨，只能择要修葺，自园门至诵幽堂已初步修竣。入春以来，游客如云，各地前来春游者过于以前，铁路特挂游览专车，地方商业受游人引起繁荣者不少。元宵后，梅花盛放，如霞蔚云蒸，加肥以后，茂盛不少；樱花亦烂漫如云，虽属外种，园中得此，亦添游兴不少；园门紫藤棚今年亦特茂。清明左右，天气晴朗，游园者更众。

茂一被敌毁尽，余以此厂为吾事业起点，决心复建，四儿等全力擘划，二年来差幸恢复，定到英机，日出粉三千四百包。适值物价日昂，财力不足，一再踌躇，于前年先建公事房，次于去冬完成厂房，今春三月初九试车出粉。停却十年，至今复业，四儿用全力促成，六儿任监造，亦不易也。

当抗战时期，余在沪空闲无事，又尝筹思胜利后创建新兴事业，以代我国失坠之丝业。二儿在重庆曾作麻纺试验，五儿在美亦尝留意于此。因于前年（民三十五）春发起在锡购地设厂，至去夏完成，续又购地百余亩，可毗连至申三附近，彼此呼应较便，先装麻机二千四百锭，兼可纺毛，又纱机一万零六百锭，如此一厂之内，麻、毛、棉三者均可纺制。麻纺品盛销于南洋及热带各地，应用颇广，原料年产三熟，纺成出口，外人难于竞胜。昔拟挽救失败之丝业，今已有新发展代替，故命五儿等决定先从此事入手，将来准备逐渐扩充，至能纺织人造纤维，供给社会需用。亦于三月初九试车，理想多年，至今实现，差堪欣幸。

同日，并为开源铁工厂举行破土典礼，地点在蠡桥下，占地四十余亩，建筑至夏间，安装机械。计划衔接公益之后，制造纱锭及织布、磨粉等机，达到自造、自用、自修之目的。现在吾国所用机械，多系向外订购，漏卮甚大，故造此厂，将来创造成功，亦一基本工业也。因命名曰"开源"，顾名思义，即知开发我国工业之资源耳！

处此二十世纪，各种生产大部运用机械，单恃人工生产，决不足解决人类需要。一切物质资源，实为人类生活必需。物质生产丰富，人民安居乐业，社会自能安定。管子所云"衣食足而知荣辱，仓廪实而知礼义"，的是确论。现在世界各国竞做机械，大量生产，我国则瞠乎其后，若不亟起直追，前途堪虑。欲使足食足衣，国家富强，工业发达，运用机械制造，首先必须解决下列诸问题：（一）充分开发矿藏，如铜、铁、铅等金属及煤炭燃料，方可铸造机器，发出动力；同时努力增加农业生产，使需用原料无虞匮乏。（二）对人事安排及劳动思想有合理措施，如职员必须用忠直勤恳之人，避免诌谀进谗之辈，实行科学管理，发挥技术能力，工人进行教育，勤劳工作，不事浪费，工资合理，不任意抬高，使企业窒息。（三）政治方面，维护实业，关怀民生，减轻捐税，使企业有余力扩大再生产。（四）主持得人，运用有方，经营得法，出品精良，人人乐用，成本扯轻，产量增加，国内有余，运销国外，换取外汇。富国之道，不外如此。

然总之人才为先，一切得人则兴。昔南通因有张四先生，致地方事业大兴，号称"模范县"。如各县都能有张四先生其人，则国家不患不兴。余以一介平民，何敢谋国，只能就家乡做起，逐步推广耳。

入春以来，百物又昂，政府虽力主抑平物价，但金融方面主事者挂高美金牌价，推助物价涨风。现下柴每担二十万元，米每石四百万元，肉每斤十二万元，面粉每包一百四十万元，棉纱每件一亿五千万元，木工每工四十万元。衣、食、住三者，无一不贵，通商大埠已渐见不支，况穷乡僻壤无所进益者，痛苦岂更不堪言耶？闻苏北各县人民因连年受兵燹水灾，竟至啃树皮、食青苗者，恻然悯之，为筹食物以救济焉。

国大开会，已定大选，静观行宪有期。

五月五日，大总统就职，余仍以老套为庆祝之辞：国运大转，人民安乐。

初，茂一复业后，人事发表，余事前未知，事后知已有误。六儿纪仁身体原非素强，两年来专心致力于茂一复建工程，历经种种困难，费尽心力，如打桩植基，遇到从前坚底；建筑麦仓，遇见开穿水井；费工、耗资、误日，想尽办法，卒底于成。去冬劳瘁过度，大病累月，几濒于危，其母日夜调护，多方治疗，幸得转机，休养至年，已告痊愈，但精神未曾复元，赴沪度岁。开春回厂工作，见外洋机器已到，而厂房尚未建筑完成，一再拖延时日，心中焦灼，督促再三，亦岂效用；电气安置，亦迟迟未能竣事，上面屡催，限期完成；复有一班无赖之辈，依藉

第二编 乐农自订行年纪事续编

· 181 ·

背景，要求入厂工作，不顾正理，一味胡搞，无法应付。同时，目击经济周转不易，仅每月薪工已在十亿以上，且在不断增加，回顾后日，如何得了。以一个初出茅庐之青年，血气方刚，看到四方八面，种种棘手相逼而来，内心烦闷，日夜筹虑，体益羸弱，但口中不言，勉强支持。至二月以后，尤日甚一日，胃纳不佳，饮食渐减，然仍照常工作。余观其食少事繁，深为忧虑，其母及友辈均劝其暂行赴沪养疴，并为解其烦忧，陪同赴杭游览。讵彼游兴全无，谓微闻厂内发生派别，且对彼无信心，因此时用忧危。返沪以后，又闻厂事未当，遭受刺激，竟生绝念。

三月二十六日，午后三时许，在高恩路家中，遽自举手枪对太阳穴开去，自戕毕命，呜呼惜哉！当日下午四时，其母在锡得长途电话，赶奔去沪，已回生乏术矣！儿存年二十七岁，为事业遭受挫折而死，可谓愚矣！方其童年，聪慧勤读，理解力特强，研究心亦富；在中学时，余常为延师补授课外读物，手不释卷，所阅书籍甚多，学业辄冠其曹；毕业后考入交大，每自恃所学，常对教师问难，为校方所不喜，余常以此训之。后来曾习海军，尝至国外诸要塞，足迹几遍半欧洲，嗣因体弱归来，决心向实业前途发展。其在茂一，治事精勤，而性急少涵容，公正爽直，同人有过误，辄加纠正，平日主张工作不在人多，而在精简。如其性情，若在承平之世，固堪肩任要职，无奈值此叔世，人心芜杂，不易掌握，遽竟出此，实为非计也。其诸兄弟均深为痛悼，余本拟端节去申，亦恐触目伤心，不愿多见，而未成行。两遭丧明，悲痛靡已！

余艰苦创业，所望诸儿成就，能继承衣钵，发扬光大。民二十八，大儿鸿增因事业而病逝于前，殷痛未忘。此次六儿纪仁，亦为复兴事业而牺牲。可见天下之事，不能尽如我意，彼苍天者，何其酷耶！

六月初七日，五儿生一男，名智超，余命继嗣六儿名下。

五月，大选完成，从此走上宪政，人民可以安居，国家渐趋富强。选出蒋为大总统，李宗仁副之。今后政治清明，兆民有庆，所望早日稳定币值，制止物价涨风，果于是月十九日发表实行金本位制，俾可与国际直接交换，互惠互易。但求人心上下一致，坚持信心，富国强兵，在此一举。并盼保护工业发展，增加生产，使与吾国人口繁多之需要相适合，至祷至祷。

五月后，物价如疯狂上涨，生活指数逐日频升，工资亦高，支持困难。此时物价已臻最高峰矣！米每石六千万元，油每斤十五万元，面粉每包二千四百万元，原棉每百斤四亿元，棉纱每件二十四亿元，利息每万元每天六百元，木工工资每工七百五十万元，普通女工每日亦在五百万元以上。申三每月职工薪工共五千亿元，税款亦在千亿左右。就是会计方面，也觉麻烦不堪，难以计算。纸张、笔墨、人工消耗均极可观。如此数字，真是痴人说梦。通货膨胀，达于沸点。不久，金圆券发行，金本位实现，从此物价下降，人民均应遵守，庶几可以扩展事业，振兴市面，生产发达，务使市无游民，野无旷土，实万民之福也。

江南大学迁入新校舍，章校长辞职，改聘顾维精任副校长，主持校务，但人事纷纭，初创不易，一切全靠主持得人。余昔年办学，自小学、中学而至专修，皆持此宗旨：教育贵在实学，若虚有其名，无裨实用，不如无学。造就人才，如良玉美璞，必细加琢磨，方能成器。古云"十年树木，百年树人"，即谓人才造就之不易也。且人才之盛衰，实关系国运之隆替。昔日科举时代，全赖主试者之精鉴，审别真才，选拔贤能，庶几为国得人，治国平天下，王业之图，庶有赖焉。故俗谓"秀才为宰相之根苗"，又谓"宰相必用读书人"。可知事业之成，必以人才为始基也。然人才之兴，必有良师导入正轨，传授心得，谆谆启发，即有驽骀劣质，亦使其潜移默化于不知不觉之中。今之大学毕业，等于昔之乡试中式，但日后走上社会，或则飞黄腾达，壮志干霄，或则人才寥落，沦入邪途，皆教育之得法与不得其法耳！余历年所办学校，以工商中学得人为盛，次则梅园读书专修班造就亦多。工商毕业生都能学得实用技术，今日各工厂、各企业任技术员、工程师、厂长者不少，尤以纺织界为最多。豁然洞人才大多精研学理，品德优良，从事社会事业，或自创企业，颇不乏崭露头角者，虽非纯粹技术，亦能有裨实用。其余公益、竞化诸校，所出人才亦不少，绝鲜走入异途，或做非分之事，及成为社会之渣滓者。推其原因，皆为"实学实做"而已！余意今后大学课程，除却政法、军事等专校以外，其余应在实用门径上着想，使学有所用，而将来"所用"亦始能不虚"所学"。如果无用之学，即可不必需要。难于造就之才，任其从事农工等粗作，不再浪费教育时间与教育费用。否则，空多一班无实学无实用之大学生，浮沉社会，安排固难，不事生产，徒多浪费，反而非社会之福。今江大初创伊始，基础未固，日后成果如何，尚未可知，望主持者多加注意。

天元自三月间开工以来，成效渐见，棉纺出品，营销市上颇俏。将来麻纺成功，必有希望，深盼社会人士劝导乡村种麻。吾邑如能植麻十万亩，即可抵昔日全县之蚕桑生产，此系真正土产，出口可换外汇，挽回漏卮。若仅恃商业贸易，不过如捐客媒介，终非生利之道，不能挽回利权而成殷实也。

金圆券自各物限价以后，涨风稍戢，但恐凭压力，终难久持，总算月余以来，市场安定。连日省主席王懋功、副总统李宗仁，先后莅锡视察生产状况，至申三参观新建棉纺工厂及天元麻、毛、棉新出品。茂一复业后，出品精良，厂房建筑轮奂，颇得社会佳誉。蒋经国督导亦来参观，颇加赞许，并至江大训话。

十月一日，江南大学本学期开学典礼，因设备尚未完全，未曾招待来宾。余略谈筹备经过，并说明"在三十年前，即认为湖滨兴学最为理想，后因种种关系未克实现，以至于今。深盼各同学努力勤奋，竞尚实学，课余多参观生产事业，不必好高骛远，贪多务博，学习宜求细嚼缓咽，食而能化。学问以实用为归，将来做事，亦力戒好大喜功，宜脚踏实地从头做起，自有成就"云云。

近日遇空仍收买旧书，先后所得，又已十余万卷，其中颇多乡贤著作，稿本凡百余种，最为难得。如顾端文遗著及评注《汉书》手稿、秦蕙田《足征集》稿本及嵇留山、嵇文恭、浦起龙、严绳孙、秦松龄、杨蓉裳、顾贞观、孙尔准、秦维业、薛福辰等手稿与邵文庄、王孟端、秦凤山、华鸿山等先贤著作之初刻本或珍藏本，以至吾邑明代安氏、华氏之精刊本，搜罗甚备，实较以前大公所藏为胜。将来大公图书馆恢复，即以补充，抵补抗战中之损失。

近更发愿拟在图书馆之后，辟建小型博物馆，取平时所收一切稀见之物，无论金、石、竹、木等手工艺品，有关文化艺术及具有历史意义者，及动、植、矿物与各种化石之标本，均分别陈列展览，藉以启迪儿童及青年知识，使不致鄙陋无识，经常开放，任人参观，对乡村教育可大有帮助。余诸儿中如尔仁、一心、毅仁等，均对乡村生活有着深切体会，颇知启发民智，不如此不为功，故对余意志皆乐为效力，愿助成之。因彼等在国外时，亦鉴于各大企业之经营管理、规模设施，莫非得力于人才，始有今日之成绩。

吾国工业发展首先注重重工业，因必先有重工业，才可利用机械，从事种种生产，故筹办"开源机器工程公司"，由铸锻、冶炼，而至修理零件，先将基础巩固，日后发展自易。所望劳资合力，和衷共济，团结一致，精心擘划，努力生产，分工互助，共同创造。

苏省临参会议长冷御秋兄来锡，余陪同参观各厂，颇蒙赞许，并计划推广植麻，拟在镇江、丹阳等处大量种植，数年之后，必有可观。

是年双十节，各地来锡游览，比往年增加几倍，地方设备不敷供应，宜设法添补，如拓宽道路，增加桥梁，急应辟筑环城及附郭一带马路与环湖路联络，增设店面，以壮市容，并备游客休息、饮食、住宿之所，使宾至有如归主乐。

十月下旬，大侄鸿元忽为蒋经国以私套外汇、囤积居奇名义逮捕，初被拘押，经申诉后，判处徒刑一年半，缓刑二年，在狱用去费用不赀，精神、名誉、物质大受损失。侄之不慎，法之不法，可叹亦复可恨！天下之乱，自此始矣！余因久未晤见，思念颇深，释放以后，特于十一月初二至申，拟与一谈，并加劝诲，讵已去港，不克见面。

余到沪后，但闻公司中人一片离沪声，非香港即台湾，或竟出国，纷纷攘攘，终日惶惶，几若大祸临头，并劝余去港。余力加劝阻，坚持镇定。"余非但决不离沪，并决不离乡，希望大家也万勿离国他往！"但言者谆谆，听者藐藐，仅宋汉章太太与李国伟老太太均听余言而中止。

翌日至公司，忽闻申三有拆锭二万运往台湾设厂之说，余初不置信，旋得悉确有其事，并拟乘余在沪，定初七装箱启运，余遂即日赶返无锡。至厂，果见正在拆运。余大加申斥，不准移动，已拆卸者装上，已下船者搬回。余表示决心留在祖国，生平未尝为非作恶，焉用逃往国外！当时虽有人劝余，政局不稳定，宜审慎考虑，为自己打算者，余不听。

不久，三儿一心为扩充海外业务，曾去粤、港、台湾等地察看销场。

十一月初八，接渠来禀，详陈所见，但言外似有去港、台发展之意，余深为怀疑，何故如此？即就来信详为批注，谆嘱不必离沪，我等始终服务工商界，从未参加政治，一切可以毋碍。讵竟不听余命，妄拟向海外扩展，维持大局，于二十一日上午十时乘"霸王号"客机赴港。此行渠本不愿坐机，为彭学沛坚邀同行，不料港、粤气候变化不常，该机在下降时误触岩石，失事殒命，同行者均惨罹不测。余闻讯之下，如遭霹雳，痛何可言！此儿性温厚，体魁梧，幼就读于公益小学，复入公益工商中学肄业；工商停办，即在梅园读书处专攻国、英、算学科，课余常至申三等工厂实习；旋即赴美罗惠尔大学攻读，归后，助余改进厂务。抗战以后，无锡沦陷，在沪另创合丰纱厂、经纬麻厂，规模虽不大，但为胜利后奠定复业之基。又曾亲赴重庆，创办公益铁工厂。抗战胜利后，助余复兴申三，创办开源，对发起筹设江南大学,尤竭力擘划。不幸死于非命,可为长叹!

余迭遭三子之丧,痛摧心肺,抱痛西河,无以自解。昔曾文正攻太平军,于三河城及安庆之役,国华、贞干两弟均遭死难,由此知立功创业,必有牺牲。余所丧三子(伟仁、一心、纪仁),自其表面观之,或由于病,或殒于非命,或出于自戕,然溯其远因,皆为事业而死。余老年遇此逆境,万念俱灰,只得假以自譬,不知后之览者,亦将以余言为然否?

十二月二十六日,午时,为纪仁卜葬于无锡大池口,坐东朝西,主穴卯山酉向。

本年腊底,即在锡度岁,各事由二儿调度,安度年关,余一切不闻不问。计自丁丑抗战后避难赴汉起,十二年未曾在锡过年。今年度岁,一切情况犹如往昔,惟火车拥挤,行旅者无不叫苦,老年人则不可乘矣。

己丑(公元一九四九年) 七十五岁

农历新年,申三、茂新、天元各厂同人前来贺年,往常旧例也。颇热闹,一派新年景象,余未出门。正月初五,无锡申茂办事处开市,各厂只申三、天元开工;茂新至廿四方开,因原料缺少,候到货稍积,择吉始开;开源亦开,上海各厂均开。物价日高,人工尤大,指数上升,发付工资,筹措不易,工人只知利于多得,不知困难,余为之忧。目今有业之工人,收入固佳,而失业之工人,则难于觅事矣。苦乐不均,非国家社会之福。渴望改善,协助事业,扩充生产,增加物质资料,若照现状,难望发展。投资于工业,人人将视为畏途,甚至资金流向国外,社会经济匮乏,农村日趋崩溃。国贫则举借外债,民贫则作乱之始基，初皆误于人心之贪得也。

正月二十日，至梅园观梅，花已盛放，游客满园，惟尚有因爱花而折花，以致毁伤树木不知爱惜者。此种公共道德，不知何时方能提高程度，普遍改进。

近日百物又涨，生活指数加至六百四十三倍有零，人工若此，制品更昂。于是，有收入者固可无虞，无职业者支出频增，生活将受莫大威胁，不免饥寒起盗心矣。在承平之时，物力充足，富裕而有善心者，往往鉴于粮食昂贵，即举办平籴，但在今日，则无从为力矣。

二月初一晚，得沪长途电话，本日上午九时，三媳在港分娩，得一男，为之欣慰，取名"智慰"。三朝祭告祖先，并为治面，以志喜。

市拆（即利率）极大，各物市价日涨，人心愈形不安，凡有事业者，莫不虑难久持。一方面战事不息，大局日坏，和谈虽在协商，成就恐难有望，中共军事活动渐由苏北逼近江南。天元、申三存花无多，一再函申加购，至二月间，已知购定远期若干，始稍安心。此时工资忽又大加，为数殊骇人听闻。

时局渐紧，本乡自卫团团员聚集近千人，人民具有戒心。清明祭祠，余未去乡，心为歉然。梅园去过两次，每次有人递送消息，内情可知。战事日近，民情惶惑。

至农历三月廿六夜，解放军到锡，国民军退却，外间谣言虽多，地方尚能安静，厂内一切如常。斯时，人心有两派，一则以喜，一则以忧。旋有指导者来，连日晓以大体。十余日后，人心稍安，然工资大增，产量减少，略有损失。幸上级主持者具有彻底改良之决心，经此变革，前途或能渐见光明乎。

解放军纪律严明，精神可佩，对民间财帛秋毫无犯。不数日，过锡抵苏州以下各地，近日已将抵上海。国民军经抵御半月，至阳历五月二十五日全沪解放，蒋军撤退。据闻，此次战争颇烈，毁损极重。安民开市，使用人民币，旧金圆券"十万作一"。自民国二十六年改用纸币以后，屡经改革。旧法币原由中央、中国、交通、农民四行发行；其后抗战期间，南京伪政府发行储备券，"两元作一"；胜利以后，储备券换回老法币，"二百元作一"；去年老法币改金圆券，"三百万元作一"。屡经改易，人民血汗所得，剥削不少，元气大伤。今政尚解放，对旧时代种种一切不合理者，应速改革，有利于国计民生者，应亟兴办。首先应注重国民经济，发展生产事业，并应力予扶助奖掖，使人人走上生利之途，充分发挥我国物力人力，增加产品，供应需要；同时辅导金融，运用资金流转，加强交通运输能力，稳定币值，坚守信用，薄赋敛，整吏治。如此，则生众食寡，货畅其流，物尽其用，然后量入为出，谨守预算。阅尽一部《九通》，经济方策，不外收付相平。经济基础既固，国力自足，不患外国之侵略矣。

此次沪锡各厂均幸无大损，人口平安。曾忆民国三十四年七月初三，闻日本投降之胜利消息，人心振奋，欢声如雷，爆竹喧天，数日不绝，人民盼望自己政府来临，犹若大旱之望云霓。及至重庆政府派员来沪，人人以战胜者自居，忘其一切，接收类于劫收，胜利冲昏头脑，骄傲自满，识者忧之。迨乎三十五、三十六年，每况愈下，民不聊生，税率之重，税法之苛，人民几同剥肤之痛；官吏私囊之饱，品德之坏，不顾民心，肆无忌惮，官僚气息之重，人民莫不寒心。至三十七年后尤甚，视民力若牛马，等民意如敝屣，剥尽民脂民膏，终至自弃于民，可不深长思哉！

解放以来，人民欢腾，六月二日至八日为庆祝解放，各团体、企业单位均各参加，晚间举行提灯会，热闹异常，颇有从此可以升平之气概。惟不数日间，物价又继续上涨。然人心兴奋则可，不应抬高物价，加重民困，致蹈覆辙。望其早日回降，平定涨风，庶几四民相安，生产日增，足衣足食。然后事事可行，从而统一天下，世界安静，民生乐业，实为至快。余尝谓：人生强颜作笑，不若正经苦干为佳，况欲求日后永久幸福，必须眼前刻苦，勤劳俭朴，相习成风，天下事始可为矣。

公益中学创立至今已三十年，本届毕业生特推代表六人前来，请余致训词，并题纪念刊，余以"实学实用，不枉国家之栽培与家长之期望"为词。今各校毕业同学，均在觅取出路，颇觉皇皇无所适从，实则出路只有一条，就是"从事生产，有裨实用"而已。至于学校课程，余反观以前教部所定学课，似乎迹近八股，普遍重视英文，蔑视国文，置古代典籍于高阁，而奉外国之一鳞半爪为秘宝，无异墨子所云"舍文轩而窃敝舆，舍粱肉而窃糟糠"，可笑孰甚。吾国文艺，西人尚知宝重，不乏优美之作，为外人移译以去，而我国人反不知阅读。总之，无论科学技术，一切皆须有国学为之根底。国文如能通畅，自然能说、能写、能著作，以教后人。否则，纵有大本领，尚是皮毛。本国人读外国译本，纵极精通，总有些隔靴搔痒。国文基础，不外"四书五经"、"诸子百家"。圣贤之所以成为圣贤，几千年来颠扑不破，终身读之不尽，历来先儒讲解不完，一时有一时之解释，一代有一代之讲法。今欲繁荣经济，改造社会，重振人心，若照《大学》做起，必能成功；即照首章"序言"办去，亦能治国平天下。平天下者，即世界大同之谓也。世界大同，必先从个人做起。如能人人照此做去，今后或可走到。

解放已二月余，勇者望前，健者从众，愚者迷，弱者惧，偏重农工。重农必能增加生产，工则一时不易全面达到。工厂全归工人主政，究尚在试验时代。财力困难，设备增加不易；政令新行，办事水平尚浅。以我处各企业而论，开支较前增多，产量反而减半。人人抱有莫大兴奋与期望，不从脚踏实地做起，高级者未能了解具体实况，下级者缺乏改进精神，下情壅于上辟。长此以往，必致富力大减，贫困日增，若不亟改，难望转机也。

茂二、茂四至今未开，心中颇以为憾。新麦已见，而尚未涌到。大厂难做，金融枯竭，力不从心。余尽力想法，准备开工，深知天色若晴，原料必可多到，此时须尽力多开，以资挽救。而下级聩聩，尚抱无底之欲壑。余唯一困难，即在人人心目中以我为"大老板"，"一切不在乎"，即此一句，便坏事有余矣！须待将来大家明白了此种观念之不当，足以阻碍事业发展，停止社会前进，此时方能进步。

数十年来，历观世界先进国家，如苏、美、英、日诸国，科学发达，工业扩展，惜屡因世界大战，致遭阻滞。吾国地大人多，若不进步则已，若能进步，走上生利之途，则人多手多，生产勃兴，必可预卜。一切事在人为，成败关键即观其是否走向积极与消极、生利与分利、能进与不能进而已。但社会进步亦不能过分逾越界限，否则进之不已，人心无底，必起争端。所以吾国将来工业发达，生产大增以后，必须保持知足，提倡古训，人人勤俭，衣食自足；地上生产，地下启发，生活物质，无虞匮乏。同时，人人安守本分，知足乐业，笃于忠信，崇尚道义。国力既强，并须敦睦邻国，辑和万邦，扶助弱小国家，绝无武力侵略之想，此时即成大同世界矣。以上为余期望祝祷之理想。

目下工人兴奋，农民观望，商人落后，农工商三者名为协调，实则仅属表面。劳方视资方如敌对，工人以商人为剥削，如何能望其协调？新政初行，此时一切尚在试验，但下级颇多趋于极端，不问合理与不合理，一反从前所为，欲望过奢，进步减退。如能各尽其力，各安本分，量能力或技术之高下，为收入酬报之多寡，社会自可安定。

我国以前由于生产落后，不敷供给需要，人口冠于世界，而生产企业能有几处？由余数十年阅历观之，兴办事业不过尽我能力，依理而行，节约开支，降低成本，自己勤俭建业，不事浪费，如无意外阻碍，逐年增加，即成现状。但在一般人目光中以为异乎寻常矣，实则普通事耳。由此断定，世界物质生产必须与人类生齿相适应，否则，人口频增，而生产不足，则天下难安也。解放二月，人事纷扰，兴奋过度，浪费金钱，既不自爱，亦少爱人，视余若“铜山金穴”，盲呼盲从，不知进退，余心中烦闷，无法应付。

五月后，背上生一小疖，初不以为意，讵料隔数日成为外症。六月初四请西医夏子和诊视，知不合，即请杨亭诸竹生诊治。诸君三代世医，精于外科，看后，云“已无法消散，只能箍住，不使扩大，每日敷药两次”；并请郑际青中医诊脉，内服汤药，清火消炎。内外兼治，安心调理，至八月初始收功结痂，然气血大亏，继续调理。而事业经营，未尝去怀，每日略问。茂一、二业务，调度尚顺，至八月前，已扯平，心为之安。天元织麻、纺毛冷、纺棉纱，数月中尚不亏本。申三则连月亏折甚大，资金与存货均将亏完，尽力调度，更换方针，至八月后始渐形转机。

全国人民政治协商会议推余为委员，举行大会，余因病不克出席参加，殊为遗憾。或有疑为规避者，余亦不强辩，气血衰，精神坏，无力于此。专心维持事业，虽病不辍，责任所在，未能诿卸。人民参加新中国政权，为无上光荣，何必规避？时嘱儿辈"要积极生产，为祖国努力，克服困难，争取好转"。至九月间已稍转机，然因采办原料，欠款庞大，调度困难，日夜为经济周转而奔走于金融界之门，余屡作书加勉。经此一番艰难，日后必有成就也。

九月下旬，物价又涨，米每石八万元外，柴每担一万元，棉花每百斤五十万元，棉纱每件二百六十万元，坯布每匹九万元，面粉每包二万八千元，小麦百斤六万五千元，利息高达四角。高物价、高利贷、高开支、高税率，此国家社会经济之所以陷于困境也！纺织业又呈困难状况，当局不知如何措施耳。

十月初二日，为七儿鸿仁订婚，女宅汪氏，上海人，父为纺织同业，秉性和善。明年，余儿女婚嫁已完，向平之愿始了。今后余生，更当尽我之力，为人民服务，以此身贡献社会，鞠躬尽瘁，此吾志也。

荣德生

第 三 编

追述与回忆

自 述

追述工商中学始末

（一九二八年）

　　余髫年习商，读书无多，迨后置身实业，职务繁冗，深感学识缺乏之痛苦，渐悟教育事业之可贵。三十岁后，子女日众，乃与族中长者、乡间学者研究教育，咸以设学校、植人才实为地方之基础。于是先设公益小学，厥后毕业生徒有升学于外者，复加设高等小学。数年之内，毕业者日众，升学者固不乏其人，而入商界或习业者更居多。数察其情形，或受经济之困难，或因年龄之幼稚，且任工商业上较高之职务，似更非高小程度所足以应用。民六以还，无日不引以为怀。爰先筹基金，次及基地，复建筑校舍，民国八年方告成功，定名"工商中等学校"，聘胡雨人先生为校长，任职二年辞去。更聘蒋仲怀先生继之，又三年；复请张杏村先生主任一年，更聘钱孙卿先生三年，后因时局战事，相继辞去。先后毕业者，有工科二届、商科五届，迄十六年夏而止。

　　环顾今日潮流，学校风气日新，乡间旧式学校已属不合时宜，且本县及通都大埠，学校林立，设备周详，似毋劳余识见

第三编　追述与回忆

谫陋之人越俎代谋，闭门造车，更恐自误误人，故决计停办。校舍除一部供给高级小学及申新职员养成所外，余则借与中央大学民众教育院，尚不至于废弃。

今诸同学属稿于余，爰追述其始末如此。

（《公益工商中学校友会纪念册》，一九二八年冬刊印本）

忆吾所见所闻之纺织

（一九三一年九月一日）

　　童时尝见吾母早晚从事纺纱织布，衣被全家。时乡居风气如此，家家习以为常，不独生计攸赖，亦人身衣服之惟一来源也。十五学商后，越二年，即闻杨树浦老洋布局专事纺织，及见其所出斜纹布，曾做衣服。十九岁后，任税务会计时，曾见湖北官纱局之纱布，皆免税通销于广东、广西等处。二十四岁经理广生时，与友人参观业勤纺纱。二十九岁二月赴杭州游湖，借寓通益公七日，详观机械纺法、营业概况，为后来从事此业之造端。

　　是时，已创办茂新面粉事业。至卅一年，营业稍利。七月七日，起草创办振新纱厂，发起七人，稿定，即日签字，分任招股购机等事。光绪卅二年建筑，明年二月开工，至八月归余经理，先后断续共九年。民国元年，改良进行，至三万锭，用电力为全国之始。尔时日本直用电力之厂，亦甚少也。四年十月，弃振新职，创申新一厂。六年购恒昌源为申二。八年办申三，自为经理。十年办申四，十三年购德大为申五，十四年租常

第三编　追述与回忆

州为申六，十七年购东方为申七，并建筑申八，廿年租地留用三新机器为申九。各厂大都皆用联合"人钟"商标，延揽专门人才，分工合作，总其事者实伯氏之力。

廿余年兢兢业业，所得成效如斯，而环顾世界此业，进步之速，推行之广，殊令人望洋兴叹。吾地大民众之国，不应只此二百余万锭也。何以成绩落后？良以组织不良，教育未备，私心自用，耗费不资，驯至国内早创之厂，十九过去，官营者更无论已。较之东邻，与我创造同时，而收效之宏，相去奚啻霄壤。今其国内有七百余万锭，在吾国境内者，已达一百六十余万锭。初创之厂，如大日本、福岛、钟渊等，异常发达，各有数十万锭。盈余积资之厚，机械改良之速，出品之精，销行之远，可畏又可羡也。夫何以优劣相差若是其甚？缘彼十年来，专以人才处理之，政府保障之，资金集中，人才集中，对内对外，无一不全神贯注，视为重务。非若吾之各自为政，工人无教育，职员乏技术，事事散漫，所以难收效也。今后吾业亟宜重视教育，藉群策群力，仿邻国已效之法，或更进之，冀得薄效，庶免强宾夺主之患。

兹因月刊发行之始，为述概况，幸我同志垂察焉。

（《人钟月刊》，创刊号）

要使读书成为一种素养^①

（一九三四年四月一日）

　　余办理此校，匆匆已有七年。本校情形，与普通学校不尽相同。最显著者，如同学人数，不求众多，俾可增进教育效能；且于宗旨方面，又持注重人格训练，期能免除时下青年一切浮嚣之恶习。创立迄今，幸赖诸教师之循循善诱，故历年毕业出外者，无论升学就事，均尚能笃实自持，颇足为慰。

　　惟尚有所告者，即人之所以能立大事、建大业者，决非出于偶然，必以勤恳谨慎者居多。而好大喜功之流，每难免于失败。故深望读书处诸同学，能循此正轨，按部就班，不以激进为例，则诸君将来自有成功之望。至于所谓循正轨者，则以多事读书、充实学力为宜。读书，则关于元、明、清史，不可不阅，因事近现代，其中兴革之端，于今尤为切要。

　　此外，吾之所谓成功者，如百工百业，皆可有成。非谓欲

――――――――
　　① 此文为荣德生在无锡梅园举行的"梅园豁然洞读书处同学会"成立大会上的讲话，摘自《梅园豁然洞读书处同学会会刊》一九三五年四月刊印本，标题为《荣德生文集》编者所加。

第三编　追述与回忆

群趋于政治之途，以求得达官显贵，然后足称耳。小之能在乡县尽其本位之责任，使乡治臻于健全之境，亦莫非为成就也。诚如《大学》所谓"修身、齐家、治国、平天下"者，盖必欲循序渐进，以一己为始也。

至于读书一事，亦非仅为在学校时之专业，当将此养成为一种素养。即在就事以后，亦不应失其研习之机，仍当孜孜向上。所谓"做到老，学到老"，凡此莫非成功之要诀。

幸诸君共勉之。

《人道须知》自序

　　余十五学商，未尝学问，初非教育界人也。及中年经商，常与社会人士交际，默察人类智愚良莠不齐，方知普通教育之重要，遂出资创立小学，由一而至十。私心窃喜，以为吾乡社会必可改良，民众知识趋于进步。岂意二十年来，与人相较，故我依然。尝深思其故，乃知以前设施，皆人才教育，而非公民教育。儿童于小学偏重兴趣，及长入专门，其间各不相谋，所以难收效果。而课程已入功令，未便更张。夫初级小学，为社会基本，不能不谋所以坚固之之道。缘幼童入学，一秉天性，而各有长短厚薄之不齐，端赖学校课本，教师训言，教之导之，使短者引之以长，薄者培之以厚。然后基本稳固，他日循正轨以至成材，家可以齐，国可以治。爰举斯旨，商诸江太史霄纬，编订《幼童训话》，从孝悌入手，以至生活、自治，共为八卷。俾各校教师于朝会时间，以此为启发儿童天性之资。不求速效于一旦，惟求不倦于平时，使学者渐摩浸渍既久，自有日就月将之功，庶几蒙以养正。赖此一编，裨益教育前途匪浅也。学界诸君子，傥不以为迂阔乎！
书成付剞劂，自述其缘起如此。

中华民国十五年葭月

荣宗铨谨识

《梅园豁然洞读书处文存》序

（一九二九年十月十日）

昔者吾国文学，重在科举，得一第后，便入政界。其次或攻美术，身擅薄技，已堪温饱，不作经济生活思想。盖闭关自守时代，本无经济竞争之必要。自海禁大开，各国满载百货而来，易我黄金以去，国力日萎，生活维艰。因是学制更新，注重实业，企图生产，冀挽利权。十余年来，一唱百和，骏骏乎有专尚科学、舍去国学之趋势。而人性日益浇薄，道德渐就沦亡，社会国家，其谁与立！

宗铨既非科学家，亦非文学家，不知其中奥蕴。顾以经商之阅历言之，殊觉温故知新，道不外是。丁卯以后，世风丕变，私人窃议，欲求生活，必先具生活之知能，故常识不可不充足，文字不可不通顺，以达意志，以记事物，则国学实为民生之宝筏。有国学为之基，而后更研科学，本所有之常识，藉文字以发挥，其思想自有条理，其宗旨于以纯正，不论何种科学，均易集事而程功。是吾国文学之教课，允为当务之急已。爰辟梅园精舍，设帷招生，商由钱君孙卿敦请朱君萝华教授，循循善诱，

第三编　追述与回忆

· 205 ·

时阅两载，平日成绩，斐然可观。甲班生之升学暨出而治事者，与现代社会尚无隔膜。所有学生近年课艺，逐一录出，以供各界观览，并祈有以赐教焉。

（《梅园豁然洞读书处文存》第一集，一九二九年刊印本）

《治平统鉴》序

（一九三三年二月）

孔子为万代仁义礼乐之宗主，周游列国，车殆马瘏，不克治平当世，乃祖述宪章，推列圣治平之道，以垂教万世，而树寰球大同之基。其道维何？曰尊经而已。《论语》曰："述而不作，信而好古。"又曰："我非生而知之，好古敏以求之。"又曰："子所雅言，诗书执礼。"此孔子尊经之确证也。

求书得黄帝元孙帝魁之书，迄于秦缪，凡三千二百四十篇，断远取近，得书百篇。而典谟训诰，千圣相传之心法、治法，灿然如日中天。所以尊《书》也。

删古诗三千余篇，为三百五十篇，而二南、雅、颂之治教昌明，列国政俗之美刺贞淫，可以兴观群怨，一言蔽之曰："思无邪。"所以尊《诗》也。

《周礼》为姬公致太平之书，体国经野之规，纤悉毕备。孔子曰："吾其为东周乎！"又曰："吾不复梦见周公。"其服膺于官礼甚深，又命七十子共撰《礼记》，与《周礼》相表里。所以尊《礼》也。

第三编　追述与回忆

《春秋》，鲁史记之旧名，孔子于每岁特举其有关名分者数条，以明王道，寓褒贬。一字之笔削，严于华衮斧钺。孔子曰："吾志在《春秋》。"又曰："其义则某窃取之矣。"所以尊《春秋》也。

《礼经·解篇》，孔子曰："入其国，其教可知也。而《诗》、《书》、《易》、《礼》、《乐》、《春秋》并举。"《史记》，孔子曰："六艺于治一也，而《礼》、《乐》、《诗》、《书》、《易》、《春秋》并称。"其于治平之道，关系綦重可知，后世合《礼》、《乐》为一经。

孔子传《孝经》，示先王孝治天下之道，故亦谓之经。曾子传《大学》，以修齐为治平之本。子思传《中庸》，始于慎独，终于笃恭，而天下平。《论语》备载孔子之微言奥义，《孟子》揭性善、义利、仁暴之旨。学、庸、论、孟，其意蕴鸿博渊深，合之为"四子书"。群经之有"四书"，犹法律之有断制也。

《史记》曰："自天子王侯，中国言'六艺'者，折中于夫子。"折中，即断制之谓也。三代而下，如汉武表章"六经"，明帝命讲"五经"同异；唐太宗命讲《孝经》、颁《五经疏义》；宋太宗颁"九经"，英宗命讲《论语》；明太祖恒诵《论语》"节用"、"爱人"二语，又命讲《大学》，仁宗命讲《周易》大义、《大学》衍义，宣宗命讲《孟子》。以上各节，史官大书特书。上有好者下必甚，汉、唐、宋、明之盛，弦歌讲诵之声，达于山陬海澨，域内长治久安，异国多遣子入学，盖尊经之明效大验如此。

近闻欧美各国，颇重阳明良知之学。按良知之说，肇于《孟子》，简要易行。又巴黎、罗马，均设汉文、汉学博士，翻译中国"四子"、"五经"。各国深识之士，心悦诚服，翕然无间言，经学暨讫寰球，会当不远。

昔齐桓公问仲孙湫曰："鲁可取乎？"对曰："不可，犹秉《周礼》。"《周礼》所以本也。国将亡，本必先颠，而后枝叶从之。鲁不弃《周礼》，未可动也。今"四子"、"五经"，亦吾国之本也。数千年政教之休明，风俗之纯懿，全球推为教化最先之邦，莫非圣经之赐。诚使举国上下，恒守经训不变，则国本固于苞桑，何敌国外患之足虑！乃近年黉校栉比，废止读经讲经，是自蹶其本也。邪说乘机，海内云扰，民不聊生，窃谓欲治平今日之天下，非尊经崇圣末由也。

吾友杨君章甫，暨味云、翰西两先生，同编《治平统鉴》，内分三部、十二类、七十二篇，每篇引经证史，条理秩然，以"四书"为群经之纲领，历史为群经之佐证，凡古今中外圣哲言行可法可师者，搜罗殆徧，有裨于万世治平之道，殊非浅鲜。余阅之忻佩，亟劝付印，并述杨君经学救世之苦心，以谂海内同志。

是为序。

（《治平统鉴》，上海人文印书馆一九三三年版）

《叙文汇编》序

（一九三四年）

图书者，文化演进之利器也。无论国家民族，但觇其图书收藏之富，版本推行之广，即可以知其文化之隆盛。故吾国文化发达，乃在秦汉纸笔发明之后；而民间文学之昌盛，实始于宋元活版印刷大行之顷。证诸泰西，自阿拉伯人传入中国棉纸，平民于是有文学；逮荷兰人完成活版印书，著作于是乎广播。图书之关系于国家民族文化，其重如此。

溯自逊清既覆，风尚丕变，青年盛气，顶礼欧化，高唱廓清陈旧，建设维新，高文典策几乎再罹秦火之劫。予于是大惧古籍沦亡，斯文中断，因广收他人之所遗弃，设馆藏之，都十余万卷，取名曰"大公图书馆"。"大公"云者，示不私天下文化利器，愿以公之大众也。

顾自辟馆以还，将二十年矣。新旧书籍年有增置，而查考到馆阅书者，为数殊令人失望。若其能翻披古籍秘籍继续探讨者，更如凤毛晨星之不易幸遇。尝读古人文，颇有以借书为难阻其进业者，今予以十余万卷图书公之大众，而人顾不之重，虽叔季世风之衰，抑何嗜学之士之终难遇也。

予老矣，坐视图书之饱蠹鱼被尘埃，而不得效其所用，且即此满楼图书，又不能百世而不散，间语朱君梦华，辄与慨叹。朱君亦有心世道，与予同志，因谓：古来著述如江如海，世鲜笃志之士，宜其望洋却步无已。目录之学，通义之说，则尚为时好。若纪文达之《四库总目提要》、张南皮之《书目答问》、章实斋之《文史通义》等书，风行于一时，第龋嚼约略，不获全旨，汲深绠短，流弊孔多，何如竟行汇辑各书原序，亲切有本，挈其纲，振其领，学术流脉，斯焉可数乎。爰发馆中藏书，博采叙文，披校汰存，汇次而成巨编，都七十二卷。又得武进殷君彦恂为之襄，校阅两载而书成，积稿衾然，几可隐身。嗟乎，君之立志笃，用力勤矣！"大公"图书效用未达之功，其收获于是编乎。深望读其序者，更来读其书；读其书者，更汇通百家，有以施之于用，为文化之先导，为残阙之抱守，则是编与大公图书馆并不朽矣。

（《叙文汇编》，一九三六年刊印本）

略述办学之经过

（一九三五年四月）

　　癸巳，侍先父旅粤，习账席。先父常督阅《曾文正公家书》，并以立身、齐家、睦族、爱乡为训；行有余力，方涉世务，并以虚言伪行为戒。廿二岁设钱庄，廿六岁创办面粉厂，三十岁业务渐有头绪。立身处世，当以三十岁为负责之始期矣。会族中先觉，群起提倡新学，将原有私塾改称公益小学，筹集经费，予兄弟附焉，是为创设学校之始。

　　当时，学者叹吾国人因学文而弱，致败于甲午。思变法，而有戊戌之政变。庚子排外祸起，外人胜，我赔款之巨，人人痛心。日俄为东清铁路又起战争，日竟胜俄。吾国人观邻国维新十余年而强盛若此，朝野一致以维新改革为己任。

　　予兄弟从事实业，无暇文学。早晚之间，时与族叔吉人及诸长辈筹办族中教务，以切于实用为主，经费则力任之。由初小而高小，而初中，至高中等，即由幼稚逐渐可升至高中，男女并进，分级分校，年年进行，以此为爱乡之一端。而转瞬间，已历三十年于兹矣。此时之学生，均已为早班学生之子侄矣。

其间，人事纷更，聘任教师均由族叔吉人、鄂生推荐为多。近年，则由少章先生任之。今高小校长朱、初中校长叶、高中主任钱，诸位教师欲以办学三十年艰难之经历，拟于四月十二日、十三日开会纪念，并展览成绩，嘱予叙始末，爰略述其梗概焉。

（《无锡私立公益第一小学校三十周纪念刊》，一九三五年刊印本）

第三编 追述与回忆

振新纱厂创业经过①

（一九五一年十一月）

　　振新纺织有限公司创于清光绪三十一年七月初七日，在上海北京路寿圣庵之西厢发起成立，时因荣瑞馨先生方为其先人营斋事也。参加发起者张石君、叶慎斋、鲍咸昌（原大丰布号股东）、荣瑞馨、徐子仪及先兄宗敬与余，共七人。即席认股，发起人各认三万元，共二十一万元，其余向外分招，至年终截止，仅得六万零八百元，共为二十七万零八百元。明年开始建造，至光绪三十三年二月初八日正式开工，一切完成，建筑厂房及定购纱机一万锭，共需三十三万余元，资金不敷之款，已由董事垫付。开工后，营业方面流动资金全靠调度，向行庄往来。

　　至是年中秋节，已欠裕大祥三十余万两，董事会推余为厂经理，兼管茂新。接事后，一月之间，售去存纱，两月内全部出清，盘存通扯，并不亏折。厂中经济调度，初由总经理张云

----

　　① 一九五一年十一月十日，无锡振新纱厂为添购新锭召开董事会，会上推举荣德生先生为董事长，先生力辞。此文手稿原存无锡茂新一厂萧宗汉先生处，后由单念澄先生送交上海申新史料研究委员会。此据《荣德生文集》本。

伯负责，不数月，云伯去申，以后一切即由余主持，历经困难，均经设法克服。

宣统二年几乎不保，三十七天内每日往来锡沪之间，奔走联系，想尽方法，借款筹垫取赎，幸得转危为安，坚心毅力，为众所共见。由此遂加强信念，专心事业，扩大生产。鉴于茂新以冒险添机而解决困难，则此厂欲图发达，非添机不可。正筹虑时，而辛亥革命事起，厂中经济匮乏，营运资金无法周转，停工数月，采用发行"工资票"代替现金的办法，以渡过难关，获得开工，渐形转机。

民国元年，营业稍好，余又生添机扩充之想，以为必须加添机器，减轻开支，方能解除困苦。后获得新机图样，即决定添锭一万八千枚，计英金三万三千二百五十镑；又动力一千三百五十启罗华特，连同马达及一切设备，计英金一万零五百镑。当时每镑约合银十元左右，讲明欠款，先付定银一成，其余九成，每三个月付一成，于民国元年十二月初五日签字，至民国四年十月初四日，共分十次付清，即现在转动之纱锭设备也。另建新厂房，由西人马勒打样，共用去建筑费六万八千元。新锭到后，尽力经营，如期交款，如数还清。至此，余即辞退，因与董事不合也。

回忆此公司创立已四十六年，经历人事变迁，老机已毁，所谓"新机"，即现存之纱锭一万八千枚，亦垂四十年矣。按照一般纺织理论，纱锭使用三十年即应改去，如此老机，为日无多，心颇忧之。月前阅报：知厂中主事者，现已订购新机二万锭及一切设备，不胜欣幸，有厚望于将来。再经四十年，发展扩充，前程无限。为自身及事业计，日后子孙均可从事于此，无忧衣食；为国家社会计，则增加生产，供应人民需要，两得其益；同时因此厂开创甚早，启发人才不少，女工尤多。后来各处纺织厂陆续开出，均来振新招致，使一般人民对工厂企业能有所了解，渐成风气，裨益国家社会匪浅。所望新机早日装就，快睹成功，余敢为各股东庆，为企业前途庆，并为国家社会庆也。

（原载申新史料研究委员会编《申新系统企业史料》，第六编第二期，一九五七年一月油印本，并据《无锡文史资料》第二十辑校订）

第四编

家传与遗嘱

荣德生自述

家兄嫂六秩征文事略

（一九三二年二月）

　　家兄宗锦与家嫂陈同庚，岁壬申，值花甲一周。宗铨将率子若侄为举寿觞，而家兄以时艰年荒，忧患孔殷，雅不欲事无谓之铺张，则固固辞。顾念家兄以白手创业，历经盘错，不惮艰苦，平生言行，有足述者，不忍默而不彰。爰为诠次大略，谨告当世。

　　家兄性亢爽，少负大志。垂髫之年，从武进前辈殷省甫先生读，下笔洒洒有奇气，先生目为非常人。年十五，赴沪埂习金融业，逾年即洞晓世界经济情势及奇盈窾窍之道。私忧欧美经济势力侵压，而国人上下犹无念及之者，因慨然起倒挽狂澜、抑塞漏厄之愿。弱冠后，乃自设肆营汇兑业，遇事必诚必信，以笃谨蜚声商界。既而见世界商战潮流日亟，挽救国计民生之策，断在开发实业，遂决计舍旧谋新，筹措资本，始创茂新第一面粉厂，越年兼营纱厂。自手创振新以及申新，其间责任愈重，挫折愈多，惨淡经营，备尝艰险，而家兄壮往不挠之气，充然自若也。厥后面粉营业日起，资力稍裕，复于沪渎创设福新面粉厂若干所，而申新、茂新亦以次推广至济南、汉口各埠。迄今茂新凡四厂，申新凡九厂，福新凡八厂，此则业为当世所共闻见，可毋庸多赘。

家兄三十年来又尝从事于各种公会、地方自治及兴学、修路诸务，一以兴公利、除私见为规诫。疏财好义，时人多之。而遇有赈灾筹捐，尤无不热烈赞助，慷慨输将，以是屡获政府嘉奖，人皆以为难能。而家兄犹欿然不自足，尝谓："丈夫生世，所贵在能恤人忧患耳。吾恨无力，不克尽发国中实业，衣食天下穷困，使人人得免于饥寒。指困赠麦，不过聊尽吾心，讵足言功德耶！"家兄虽不得位，而饥溺之心未尝须臾去诸怀抱，好善之诚，殆根于天性使然也。

家兄为人宽然有度，自处以俭，而待人则恕。上自当代伟人，以至工友僮仆，与之即，无不觉其蔼如可亲。迩来年事日高，而勇于进取之毅力，操之如故。或偶忧采薪，仍治事兴居如恒，不敢少忽。家人或劝节劳，则诏之曰："宴安鸩毒，不可怀也，矧顾国中今为何如世乎！吾创此基业，非以己也，为外人经济侵略之可畏。而国人若惟孜孜焉竞目前之权利，不务实际之生产，流既不节，源复不开，枯涸之期，夫何能免！吾不忍坐视国家经济沦溺绝境，因尽吾一分忠实之心力，作一分忠实之事业。今日有此成就，固非始愿所及，然而得寸进尺，莫非由兢兢翼翼中来，吾焉敢少弃职责，图逸豫哉！"居常以此自勉，亦即以此教其子侄。吾于是而知，家兄一生营业，非恃有充实之资本，乃恃有充实之精神。精神为立业之本，而致寿之征，亦即以是。《易》曰："天行健，君子以自强不息，得乾之健。"家兄有焉。

家嫂自来归后，克尽妇职，善持家政，久为邻里戚党所推称。家兄因是得以专力外营，而无内顾忧，其功有足多者。鸿案相庄，鹿车同挽，所谓相得益彰者非耶。

宗铨既秉兄命，弗敢从俗铺张，爰择国历二月二十一日（即废历元宵后一日）置酒梅园，集亲友家人，谋尽一日之欢，借万树梅花，助一堂莱彩。倘承立言君子，画苑名家，颁赐鸿宝，藉为侑觞之具，则尺幅寸缣，逾于百朋之锡矣。

（据无锡第一棉纺织厂档案馆藏杨志濂先生手书稿。

并据《杖乡导游录》校订）

吾兄宗敬创业经历

一九三二年，荣宗敬六十周甲，亲朋好友佥谋捧觞称庆。宗敬闻之，瞿然曰："是重吾过也。吾闻士君子必先忧其所忧，而后乐其所乐。往岁泽水为苗，万民昏垫，污漫数千里。凡所经过郊牧林野之地，油油无象，混混莫辨。洪泉极广，何以填之？薪桢不属，何以御之？读鸿飞鸟止之诗，嗟我苗黎，心滋戚矣。矧复东北告警，虎视鹰瞵，烽燧频惊，戈铤遍地。吾侪同志，疮口晓音，牖户绸缪，外御其侮。番番良士，仡仡勇夫。吾思之，重思之，此何时乎，其敢言寿！"德生听此言，告于诸君子曰：

吾兄之言，仁人之言也，奚敢不遵！惟吾兄平生坚苦卓绝之诣，有宜昭闻于世者，不可不为殚述也。

吾兄幼岐嶷，长聪刚，垂髫就傅，尝从殷省甫先生读，为文仿傥有奇气。先生曰："此非凡才。"年十五，薄游沪壖，稍稍试金融业。沪市地襟吴会，物产殷饶。析支卉服之辈，重译欤塞之伦。航海梯山，靡不集视听于斯，权低昂于斯。吾兄阅历经年，即洞知世界贸迁，奇盈敻窍，怵然于欧美经济政策侵略之綦，以为非熟知彼己，深维利弊，不足以塞漏卮于先几，挽狂澜于既倒。史迁《货殖传》有言：善者因之，其次利导之，其次教诲之，其次整齐之，最下者与之争。吾兄已默察消息之原矣。

弱冠后，往来申锡之间，实业志愿，萌柢系于苞桑，慨然曰："衣食者，生民之命脉也。欲培其根而植其本，非多设面粉厂、纺织厂不为功。"顾大厦非只手所能擎，巨赀非咄嗟所能致。且大埠平原，地形扼要，据水陆之冲，握交通之纽者，尤非易得。某日过吾邑西城外，见有荒地可二十余亩，名太保墩，筚缕未辟，相度阴阳，可建粉厂。爰购地集股，经之营之，厂屋落成，名曰"茂新第一面粉厂"，时维光绪二十七年也。迨三十四年，又创设二厂于邑之惠山浜；民国三年，又就一厂之旁，添设三厂。二年，又创设福新一厂于上海新闸桥；三年，又创设二厂于西苏州路。六年，又创设茂新四厂于山东济南；同时，又创设福新三厂于上海小沙渡路，就二厂附近创设四厂；又创设五厂于汉口娇口宗关。七年，又创设六厂于上海新垃圾桥；同时，又创设七厂于上海新闸大通路，创设八厂于沪莫干山路。综计面粉凡十二厂。至纺织厂，则首基于民国四年创设上海白利南路之申新一厂。八年，又创设二厂于上海宜昌路，三厂于邑之西门外五洞桥。九年，又创设四厂于汉口娇口宗关。十三年，又创设五厂于上海杨树浦高郎桥。十四年，又分设六厂于常州南门外。十八年，又创设七厂于上海杨树浦；十九年，又创设八厂于上海陈家渡；二十年，又创设九厂于上海杨树浦。综计纺织凡九厂。此皆吾兄经纶之业，前服贾者所未有也。时则有王君尧臣、禹卿，丁君梓仁，浦君文汀，相与辅助而赞成之。人第见其审察轻重，明析秋毫，而不知其抵制于无形，所谓以其盾而陷其矛。盖吾国多一制造之货，即他人损一牟利之权。此则吾兄锲而不舍之志，健而不息之诚，非欲以挟张一己之事功，夸耀里间之观听，是宜正告于当世君子者也。

（摘自《杖乡导游录》，一九三二年版，并据一九三五年《荣氏宗谱》卷二十九校订，标题为《荣德生文集》编者所加）

先兄宗敬纪事述略

（一九四六年四月）

　　昨阅所辑《先兄遗著选存·目录》，内有"年谱"一项，当日创业情况，今日知者已尠，深恐日后年代久远，易于湮没，用将经过事迹略述如下：

　　先兄讳宗锦，字宗敬，生于清同治十二年癸酉八月初二日午时。七岁入塾，从师殷省甫先生读，自《论语》、《孟子》、《幼学》，以至《尚书》、《礼记》、《古文》。

　　十四岁秋后，至上海南市铁锚厂习业。不久，患伤寒症，先母得讯，亲赴沪上，雇舟接回，延医调治。愈后，鬓发尽脱如光头。十五岁再去申学钱业，在永安街源豫庄，系卫姓所设，习业三年期满。十九岁正月，至南市鸿升码头襄街森泰蓉汇划字号任收解。至廿二岁甲午年冬，中日战争，该号吃着天津小麦之亏，失利颇巨，不支而歇，即回家。

　　至廿四岁正月，先严决命兄至申开设广生钱庄，自己出资一千五百元，从此为余兄弟立业之基础。临行再三训迪，对社会经历、得失本末，多所启发。后来余兄弟同心协力，和衷共济，数十年如一日，即由庭训而来。事业之成，亦根源于此也。

广生庄初年营业平平，至庚子年转佳，汇兑信用已好，但筹思钱庄放账，博取微利，不如自己投资经营，利益较大。是年冬，经共同筹划，兄亦赞成创办面粉事业，共入股六千两，兄弟二人各三千两，均从广生盈余提出。余兄弟再招得九千两，与朱仲甫等共同开设保兴面粉厂，此为余兄弟从事实业之起点。至光绪廿九年，保兴改组茂新，余兄弟增加资金二万四千余元，占茂新资本之半数，当日已明非半数不易为功也。兄驻沪任批发经理，兼营广生。

至光绪卅一年七月初七日，在寿圣庵发起创办振新纱厂，为七个发起人之一，每人担任三万元，余兄弟共为六万元。光绪三十三年，振新成立开工，兄任董事。三十四年，因裕大祥投机失败，宣告闭歇，广生受到牵累。当时经济困难之极，共商之余，决定保全振新、茂新，而不保广生。广生卒因无力放账，逐渐不支，至年收歇，虽欲保存父业而不可得矣。后来，心中常存恢复之想，但因人力、财力只能专顾实业，无暇及此，终未如愿。此为吾兄生平遗憾，因所创企业均已逐步发展，而独不保父业也。

宣统元年冬，赞成茂新改用新机，机款大多欠来，差幸同人努力，改进设施，致宣统二年出粉，质量优良，为社会所乐用，营销各地，"兵船"粉由末牌而渐升至头牌。是年，参加南洋劝业会得奖。辛亥得渡难关。

民国元年，兴致转佳，发起创办福新一厂于上海新闸桥。主张振新添机一万八千锭与发电机及一切设备，为内地使用电力最早之厂。后来，英国工程师亦极称道。所有添机之款，完全欠来，并以盈余建造水泥钢骨厂房，至今尚好。民国二年，租办中兴面粉厂，至民国三年购进，改名福新二厂。民国三年，振新新锭开后，出品大好，每日可出纱七十五件，开支一切在内，每件纱不满廿元，而董事会不知利弊，一味反对扩充，至民国四年还清欠款，卸去责任。是年四月十七日，买进陈家渡公立被服厂原址，创立申新一厂，此为从事申新纺织工业之始。至九、十月间开工，年终即有盈余。恰遇欧洲大战，连年获利。

民国六年，买进恒昌源纱厂，老锭九千二百只。余力劝要办新机，当时爱刹利斯肯欠与我处，工省品佳，兄不听，以四十万元购定，令兄弟各出半数，即申二也。旋在无锡购地办厂，原本取名"大新"，后改为申新三厂。是后，所办纺织厂即以"申新"为名，按次分别。是时，茂新已买进"惠元"，改为茂新二厂；后又添茂新三厂，专磨苞米粉。福新又添福三，福二改建新厂，即以老厂改福四，并在汉口创福五，又在上海买得华兴面粉厂，改为福六。民国八年创建福七，民国九年建福八，茂新建济南茂四。是时，茂新已一至四厂，福新为一至八厂，申新为一至三厂。

民国十年，汉口建申四，设备一万锭，余力阻，因人力、财力两感不足，未宜扩充，且缓几年，兄不听，余未入股。至民国廿二年，厂房遭回禄被焚后，余始加入股本改建。民国十二年，买进德大纱厂，改为申五。民国十四年，租入常州纱厂，最后买进厚生纱厂迁入，是为申六。民国十七年，收买英商东方纱厂，改为申七。此厂余当时颇不赞成，曾加力阻，后因叶琢堂先生之情不可却而购下，不料叶子达明遇匪绑架而死，心痛之极，将该厂股份售归吾兄名下。申八因竞争而建，即在申一之旁。申九为图价廉而购进三新纱厂，该厂出售，因李君只要归还地基而不要机器（三新租地造屋），遂以四十万两购下。因清花间机器全新，拆之可惜，即招吴君昆生等做了一年，前途催出基地，一再督促，无法可想，即在福二余地建造厂房，并添购新机，一切全新，设备装置为各厂冠。抗战以后，各厂损坏，惟此厂与申二因在租界区内，未遭毁损，为今后企业复兴奠定基础。

先兄气魄宽广，大度磅礴，遇事勇往直前，自奉俭约，除生活必需外，全部资财放在扩充事业上，不足则借款为之。余时加力阻，主稳扎稳打，兄辄不顾，力图扩大。因此，一遇逆风，即难收拾。但事业之大，实由兄主持，才有此成就也。

以上各节，不过仅述大概，藉备采择，较为有所依据。惟文字荒芜，不能作为正用也。

（申新史料研究委员会编：《申新系统企业史料》，第六编第二期，一九五七年一月油印本，并据《无锡文史资料》第二十辑校订）

口授遗嘱

（一九五二年七月二十五日）

　　余从事于纺织、面粉、机器等工业垂六十年，历经帝国主义、封建主义、官僚资本主义及反动统治的压迫，艰苦奋斗。幸中国共产党领导全国人民革命胜利，幸获解放，目睹民族工业从恢复走向发展，再由于今年"三反"、"五反"的胜利，工商界树立新道德，国家繁荣富强指日可期。余已年老，此次病症，恐将不起，不能目睹即将到来的工业大建设及世界和平，深以为憾！

　　毅仁、鸿仁要积极生产，为祖国出力；尔仁、研仁再不可滞留海外，应迅速归来，共同参加祖国大建设。毋违余志，是所至嘱。

七儿荣鸿仁敬录

（《苏南日报》，一九五二年七月三十日）

第五编

经济与社会建设

荣德生

自
述

无锡之将来

（一九一二年十月）

一、发端

无锡，为江苏六十县之一，地居沪宁之中心，水陆交通，商贾辐辏，出产有大宗之丝茧，贸易以米市为最盛。今则工厂林立，如纺纱厂、织布厂、面粉厂、缫丝厂、碾米厂等，不下数十处。其直接便利商店者，有电灯与电话焉。此商业之大较也。

溯自光复以来，辟新北门，由崇安寺筑马路直达车站，设车舆以便行人，此道路工程之进步者。锡邑城市中，于冲道每多坑厕，既有碍于卫生，亦不雅于观瞻，迩来或填塞，或修筑，大加改良。最近，更有锡人自创医院，以补救民生疾苦，此卫生事业之进步者。沿马路两旁，有图书馆，有公园，有教育会，俱能粗具规模，此社会教育之进步者。即如城中小商店，类皆整齐可观，窗饰等亦多改换式样，与昔之墨守成法者迥别，面目日新。苟免于奢侈淫佚之风，商务之发达，可操左券也。

综此言之，事事俱见进行，就此进行之象而扩大之，则二十年后之无锡，必有足以惊人者。予据现在之无锡而揣测后来，就其目的之可达者，恣笔记之，名曰《无锡之将来》，隐寓提倡之意焉。

二、无锡于数年内冀将实行拆城筑路

无锡现在之马路，距离甚短，局面狭隘。至城市中之街道，尤为狭窄。两面之商店，多阻于河道，已无可退缩。故街道亦无从扩张，则终为小街市而已。欲辟大市街，不可不拆城，就城脚筑一圆路，与现在之马路相接，而通行电车。将里城河填塞，以路旁之地售与商民，建筑工厂或市房。拆下之城砖，除用以筑砌驳岸外，余则卖给商民，用之建筑，创成一局面宏壮之新市场。主其事者为工程局，其权限略同于上海之工部局。如房屋之应如何构造，马路之应如何修整，一切惟工程局之命是听。是路既成，定名曰"里圆路"。

三、无锡于十年内将有大电气厂发现

无锡工厂约有数十处，而舍西门之振新纱厂、茂新粉厂用电力外，余俱用引擎锅炉，所费既巨，且不如用电力之轻便。上海工部局电气处，以电力供给厂家之用，仅须通一电线，装一马达，而原动力已具，占地既小，费亦较省，获益固甚大也。锡邑工厂日众，急宜仿用电力。欲用电力，又莫妙于有一大电气厂。电气厂立，而电车自必通行，工厂渐见扩充，资本较大，获利亦厚。不出十年，或可告成乎！

四、无锡于十五年内将有大商场发现

无锡就现在之商业情形及人民进取之心理揣测之，将来必有大商场发现。大商场之地址何在？曰：惠山浜之南北两面沿塘河一带空荒之地，即将来最繁盛之大商场也。年来已有提议，由车站经黄埠墩而至惠山筑马路以通之者，或不久即可见之事实。届大商场建筑时，同时筑成一外圆路，其路线即由里圆路经水仙墩，迤向西北，而与惠山通至车站之路相接者也。凡一地方经济之发展，首在地价之增高。自里圆路、外圆路筑成以后，凡与路附近之地，其地价必立增倍蓰无疑。就锡地现状观之，光复门一带沿路之地，今之地价，非较前已增数倍乎！

五、大商场创成后，龙山、锡山之巅将有安乐乡出现

商场所在，工厂众多，喧阗繁杂，不适居处。惟山居则空气清新，高爽宜人。举凡工厂中人，市廛中人，工作则于厂于市，退息则在山林，为最适于人生。缘是龙山、锡山之上，从来寂寂之地，遂一变而成一极热闹之村落，日出而作，日入而息，各安其居，各乐其业，是村遂有安乐乡之名。山上房屋之建筑，有若香港，层层叠叠，盘旋而上。上下俱赖电车，居民便之。他如自来水、电灯之属，亦无不备。夕阳西下时，家家灯火齐放，远望之，若一极大之灯塔，洵奇观也。

山上辟有极大之公园以及种种游息之所，如弹子房、咖啡馆等悉备。每逢胜节及星期日，游人倍多焉。其间最特色者，莫如锡山之塔。塔今荒废，不足壮观瞻，而来日且将大变其面目，于塔之四周筑成转楼，而就塔中装设扶梯，塔楼陈设，精美整洁，并备茶点、烟酒以饷客。游人于此，品茗谈心，酌酒

遣兴，最足开拓胸襟。至于炎暑之日，在此纳凉，尤属妙无伦比，诚一极好游眺处也。

六、商场创成后，五里湖、太湖之滨将见别墅山庄参差矗立，为世外之桃源

惠山、锡山之上固宜卜居，而五里湖、太湖尤足揽胜。达湖滨之马路有二：一起自西门，迤西南而至北犊山；一起自南门，过南桥、东墭而至石塘桥。乘摩托车往，仅须数分钟耳。临湖筑楼屋数间，开窗远眺，见湖水共长天而一色，远山如白云之在望，帆影幢幢，往来不绝。至于夕阳将下，遥见红日一轮，映入湖中，水波不兴，作金碧色。有山水之趣，无城市之喧，能爽人心神，益人智慧。故人咸欲于湖滨占地数方，而营居室焉。盖社会进化，生活程度增高，而生计则益困难，必竭其知虑，庶免于失败。故劳其身心，势不所免，要在时有以恢复之耳。暇时临湖远眺，能使胸中万斛愁尘，一时化为乌有。而身心之疲劳，恢复于俄顷，于养生之旨甚合。后来一人倡之，众人趋之，别墅山庄，远近相望，真不啻世外之桃源也！

七、中国开第三次内国博览会之会场即在五里湖、太湖之滨

无锡以梁溪著，溯溪而西十里，遂达五里湖以及太湖。湖滨既有园亭，每逢胜节，恒有小汽船无数，聚集于此，共作赛船之戏以遣兴。盖其地胜景天然，一经点缀，簇簇生新，游人乐于莅止也。迄国中开第三次内国博览会时，政府欲于南方商

务繁盛之地建设会场,通令各省,征求意见,则当有乐曲辰君者,献议于政府,谓南方商务繁盛,而交通便利、风景幽雅者,莫如江苏之无锡。无锡有五里湖与太湖,颇占形胜,若以湖滨为会场,各视地势而建馆,赏心悦目,无复过之。政府派员至锡实地调查,应亦赞成其议。迨各馆建既成,五步一楼,十步一阁,顿使湖光山色愈益壮丽。此美术,彼工艺,中外人士来观者,何止数十万人!咸啧啧称道出品之优良,而又震夫地势之特色,互相传播,于是中外人士咸晓然于中国国运之日进。而无锡一邑,亦卓然著名于世界矣。厥后异邦人士慕锡地之胜而来游者,必且实繁有徒。游毕,宜无不叹锡人能尽地理之妙,猗欤盛哉!

八、尾声

本篇尽从大处着眼,故琐碎之改革概未言及。诚以大处果能改革,则凡一切琐碎附属之事,不患其不改革也。予友有知予作此篇,而不深悉予意旨所在者,群各以其说进。或谓花丛之宜迁徙,迁徙场所,应规定也;或谓亮坝阻碍水道,不可不拆去也;或谓外城河河道已是狭窄,乃更有种种障碍物,如木排等充塞其间,河道几塞其半,不便行舟,不可不取缔也;或谓街道中坑厕,应填塞也。凡若此者,非所谓琐碎之改革乎!而予之心目中所想见者,里圆路也,外圆路也,大电气厂也,新市街也,大商场也,山上之安乐乡也,溪西之桃源地也,湖滨之内国博览会也,皆所谓大改革也。若群友之说,欲为之,可即为之,非难事也。予之说,非可仓促办者。诚以理论为事实之母,故先造此理论,以冀成为事实耳!吾中国之革命,非赖一二巨子笔舌之鼓动,而得奏成功者乎!可知天下无不能达到之事，要在使众人之心理一致。革命之得奏成功，以人民之心理一致，时机已熟故也。予作斯篇，即欲利用笔墨以代喉舌，使此说传播于吾邑之青年子弟、妇人孺子、贩夫走卒之间，使彼等深印此意想于脑筋中，而造成一致之心理者也。吾锡人心理一致之日，则去事实到达之期，当不远矣！

（一九一四年八月无锡锡成印刷公司刊印本）

附：惠书志谢

昨承锡成印刷公司惠赠最新出版之《无锡之将来》一书，就理想立言以提倡，寓意笔墨，亦奇恣可喜。全书分为八章，定价大洋三分。倘人手一编，诵而好之，则书中所言，必有万弩赴的之时也。特书数语为介，并鸣谢忱。

（《新无锡》，一九一四年九月十四日）

理财刍议

（一九一六年十月）

一、崇俭说

立国贵有精神，崇俭其一也。吾国奢侈之习，固尚不如欧西之甚，而弊害则过之。欧西富于财，而民重国货，财不外流，奢侈所费，不过循环于国内。吾国则富源未辟，而无论男女，爱用外货者多，流金银于外洋，一往而不返，是不啻无源之水，不塞其流，势且立涸矣。况吾国女子，饰品俗尚金银，搁置有用之金银于无用之地，尤为可惜。坐是二端，吾国之所以贫也。处此竞争世界，苟无经济，何以立国？若徒恃外债，是不啻饮鸩以止渴，危殆殊甚。审时度势，要非从根本解决不可。根本惟何？要在崇俭。勿以金银为饰，可免搁置之害，国家得利用之，以整本位。举国注重国货，使已定本位之币勿再流出。庶几经济渐入宽裕之境，立国乃有精神。由是而整理庶政、教育、农工商、海陆军，以迄道路、桥梁、卫生工程，皆可得而举焉。一俟国基既固、财源既富之后，再置金饰，自无不可。舍弃一时，以定国是，凡在国民，又何乐而不为哉！

二、金本位

世界列强各国，货币皆以金为本位。吾国货币，梦乱如丝，几无本位之可言，而所用为银。国际贸易，与夫偿还外国赔借各款，均按照金镑换算，暗受镑亏，不知已几千万。当道诸公，虽屡有建议，改用金本位，以趋世界之大同，而定国币之系统者。然卒以事体重大，迁延至今，迄未见之事实。近闻日本拟在满蒙谋统一金币法，是又与我以警告也。吾国若不急起直追，速定金本位，为财政立基础，恐将来各国效法日本，来我中国，各就其势力范围内，尽行其金币法，届时则吾国虽欲改用金本位，而四面受困，将益难从事矣。

兹拟金本位法数条如下：

（一）国家岁出入各款，名目均改金币。无论出入，原定银每两作金币一角四分，银元每元作金币一角，钱每千文作金币一角。

（二）主币金元，每枚重二钱，九折成色，作枚重七钱二分之银辅币十元。即金一银四十之比价。假定额数一万万元，按五年分年筹铸。

（三）辅币银元，每枚重七钱二分，成色与现在通用银元同，惟改称曰金辅币一角，以十进，十角为一金元。假定额数十万万元，按五年分年筹铸。

（四）辅币小银元，每枚重七分二厘，成色与现在通用小银元同，惟改称曰金辅币一分，以十进，十分为一银元。假定总额十万万枚，按五年分年筹铸（原有小银元兑换新小银元，每十一枚换十枚，以补铸费、磨轻之耗）。

（五）辅币铜元，每枚重量与现在通用铜元同，惟改称曰金辅币一厘，以十进，十厘为一小银元。假定总额九十万万枚，按五年分年筹铸（原有铜元十二枚换新铜元十枚，以补铸费、磨轻等耗）。

（六）辅币小铜元，每枚重五分，称曰金辅币一毫，以十进，十毫为一铜元。假定总额一百万万枚，分五年筹铸（此项小铜元只可收集原有铜钱改铸，方不致亏折。若购外国铜为之，尚不敷成本一半以外也）。

以上所列，共计五种：曰金元，为主币；曰银元，曰小银元，曰铜元，曰小铜元，为辅币。以金元计，总额为二万万二千万元；以银元计，总额为二十二万万元。中国四万万人，平均每人应有银元五元，小银元五角。吾国现在财力，无有确实之总数，以意度之，必无此数之半。而因筹铸新币之结果，国内增多此半数之货币，全国金融自然灵活，经济渐入宽裕之境，必无疑义。息率低降，商工日兴，而国课亦自日裕矣。

三、金库为主宰

金库为全国经济之中枢，犹之百源之海，为一国富源之所在，亦一国命脉之所寄，于国家实居最尊严之地位。故求全国经济之稳健，必设此至尊重之金库，纲领全国，以为发展各种银行、行使新币纸币之枢纽。方今本位未定，纸币未整，当夫改革币制之初，更有吸收生金银、鼓铸新币、发行纸币诸务，其关系何等重大。要非现有之中国、交通两代理国库银行所能办理胜任而愉快也。斯所以急宜特立国库银行，专办造金银币、纸币，收集生金银，国家储蓄等事务，设总行于京都，立分行于各省省城，与各省立银行直接收付岁入岁出各款，与夫各省各县公款之收解；并行使新币，行用纸币。俾上下联络贯通，有身之使臂、臂之使指之效。至原有中、交两代理国库银行，尽可仍旧办理，两无妨碍。如此，则各省之于各县，中央之于各省，经济界一气贯注，直截了当，于改定本位，吸收生金银，行用新币、纸币，国家储蓄，收放生息诸端，庶可无隔阂之弊矣。

四、制造金银币、纸币，归金库管理

鼓铸货币，重在吸收生金银。吸收生金银之机关，即在金库。今举鼓铸之事，并以归之，于事庶无分歧之弊，办理可收便捷之效。用费简省，又其余事也。制造纸币，与鼓铸货币性质相同，而关系信用，尤为紧要，非郑重其事不可。故宜一并归之金库管理，以专责成。凡关于纸币、债票等之制造，关系甚大，均宜缜密举行。若另设机关为之，必至漫无统系，反足债事也。

五、纸币自造

纸币与金银币，法定有同等之价值。流用民间，要以信用为第一义。否则，险象环生，必至溃败，不可收拾。此所以纸币之尊严，较之金银币为尤甚也。吾国行用纸币，每托外国代制，虽曰取其印刷较精，完成较速，而不知纸币之尊严，已丧失于无形。流弊所届，伪造纸币，冒充真币，损害信用，于今为烈。一般人民之所以不愿蓄纸币而喜现银者，亦纸币信用不立阶之厉耳。挽救之法，宜一方面建设国库银行，主持全国纸币之统一，保全纸币无上之信用；一方面聘用专门人才，自行设立纸币制造所，专制纸币、公债票及一切有价证券。制造手

续，宜于秘密之中，寓以特别之法，使人无可伪造。纸币混杂之患既绝，发行又有适度之额，纸币信用自无不立。信用既立，人民有不舍笨重不便之银币而乐用纸币者，谁则信之！此纸币制造所之设立，所以不可缓也。

六、纸币假定额数分金主币、银辅币二种

发行纸币，初不宜滥，暂定总额四千万金元，以利推行。一俟将来各地通行无阻，势必不敷分布，届时再行推广额数，事势方顺，总以便利大众、无碍大局为断。纸币四千万金元之数，金主币、银辅币各得其半，即金主币二千万元，银辅币二万万元。金主币纸币分三种：一元、五元、十元；银辅币纸币分二种：一元、五元是也。凡银一元至五元之数，用辅币；满十元者，用主币。数之大者，更酌用五元、十元金主币，以求简捷。比照现今情形，即一元、五元、十元、五十元、百元五种纸币也。

七、金银币与纸币按照额数同时并行

金银币限五年内分年筹铸完全，每年应铸出金主币二千万元、辅币二万万元。新币与新纸币必须同时发行，故两者必须同时制造，方无贻误。纸币制造所每年应出金主币纸币四百万元，辅币纸币四千万元，于五年内制齐四千万金元之总额，俾与新币互相为用。新纸币逐渐推行，旧纸币陆续收回，为新陈代谢之作用。至新币发行齐全，而旧币与旧纸币同时消灭，于银行与行用纸币者两无妨碍也。

八、金库纸币法定现金五成为准备

全国纸币制行之权，属之金库。故各银行行用纸币，须向金库支领。支领时，银行以有价证券向金库换取纸币相当之数。纸币行使过半，即缴所领纸币总额半数之现金于金库，而取出半数之有价证券。假如支领纸币万元，须先将价值万元之有价证券交付金库，然后取出纸币，陆续行用。达五千之数，即先缴五千现金于金库为准备金，而换出有价证券五千。余数之行用者，便不必有准备金。设或市面骤起风潮，持票者群来兑现达十分之一者，为权宜之计，银行得向金库取回所缴准备金二分之一，以资应付，而保信用。如与外国发生战事，则须另订办法。

九、国家储蓄银行

吾国财用不足，非真不足也。乃由于理财不得其法，有金不为吾用耳。为今之计，急宜设立国家储蓄银行，使人民常储存其余金于国家，一则可以生息，一则潜金出为世用，全国经济顿然增进，财政自有生气矣。然储蓄银行之能成立与否，全视信用之坚决与否为断。信用不立，固未有能成立者也。是宜妥订章程，务使稳固，指定担保，勿生疑虑，收入息率，按时发给，勿稍延欠，人民知为诚实可恃，自然乐于投储矣。

十、各省立银行直接金库

银行为工商业之金融机关，一国工商业之兴盛，咸利赖之。故国内之银行发达者，工商业亦必繁盛，此自然之势也。吾国银行无多，金融不敷周转，工商末由振兴。且吾国二十二行省，每省各有数十县，即各县之收入归解入库，已是动多周折。为今之计，各省宜设立省银行，官商合资开办，由财政厅督理，设立总行于省城，与金库直接代理全省岁出岁入各款，并行使新币纸币，收入生金银，兼理储蓄，代放库款生意，于全省经济界占重要之地位。并于全省择其紧要之处设立分行，各县设立支店，或托各该县原有之信实钱店或银号为代理支店，与省内各县工商业互相维系，承上启下，脉络贯通，乃可收指臂之效。

十一、各银行分别资本，代理金库行使纸币、收放库金

金库发行纸币，暂定额数四千万金元。若全数用出，除以半数作为准备金外，其余二千万元即放与各银行生息，所有储蓄金亦然。各银行除将有价证券抵用者可不计外，各银行资本多寡不一，信托之量，乃随之升降。所以，必须按照注册资本数目，向金库报明，由各银行自立证据，按资本之半为最多数，向金库领用纸币或现金，订明期限归还。万一国际间发生战事，则因时制宜，按照金库特立章程办理。

十二、税法宜简

税法繁则设官多，收入增而支用繁，民扰而不能裕国，故决非良策。环观世界，凡工商兴盛之国，税法简捷，直取于民，国裕而民不扰，货物转输，无节节纳税之繁苦，往来利便，农工商因以易兴。吾国从前岁出尚不为多，收税本亦简单，近年举办新政，出款渐多，惟加增税目，徒为一时弥缝之计。税法

繁扰，而国家仍无实惠。况我国缴税，专重原料及商货，极不利于工商业，实非所以奖励之道。方今百度维新，税法尤急需改良，宜仿照各国最简法，专重普及者数款，以直取于民为本。不足，则辅之以他。民为国本，人民应担义务，即直取亦不为害。农工商为人民生计之本，但求生计易谋，农工商日进千里，税款自必随之而增，无虑国用之不足也。

十三、量出为入，以关、盐两税为归

量出，最重编制预算。下年度应收应付各款，悉列入预算，总计入不敷出若干，然后再为扩充收入，总期出入相符而后已。扩张收入，莫如首将外货之奢侈品提出数种，商榷海关增加税率。如一时不能办到，则饬令各县，就外来之奢侈品补抽销税以偿之。如再不敷，则惟有从盐税上对内着想，决定每百斤加税若干，务使补足预算不敷之数。

十四、裁厘加税

厘金一日不裁，即税法一日不能澄清。商人转运货物，殊觉困苦。实业原料，受层层耗费，以致成本巨大。外货物美而价廉，国货制造本尚幼稚，兼之成本较大，自不能与外货抵抗，而国货遂为外货所打击，商业何由以兴！裁厘之说，所以上自政府，下至庶民，无不亟望其实行。只以厘金为目今岁入一大宗，且以用抵外债，非别行筹得的款以相代，不能言裁也。此所以裁厘必与加税并行，庶国家无财用缺乏之虑。然关税权在税司，欲加税，非得各国领事同意不可。查前吕海寰商约大臣，曾订有裁厘后加税值百七五，合之现行税值百抽五，为十二五之约。如果实行裁厘，此约当可发生效力也。

十五、裁厘后关税未加以前，由各县暂收销税，以足抵厘金为额

欲裁厘，必加税。欲加税，必得外人同意。此事或非一时所能达到，则惟有暂时别筹一款，以抵厘金。而实行裁厘，示外人以决心，抵补方法，莫如征收外货销税。凡进口洋货入商店后，提取销税值百七五，并声明关税加定以后即行取消。至国内各省土货往来，不在此列。征收销税于店商，此是吾国内政，外人无从干涉。此策若行，加税问题不待要求，而外人自必承认矣。

十六、裁厘后，关税按照市价值百抽十，出口抽五，不加税

关税现在值百抽五，然今洋货价格，由较前定通商约章时涨至一倍者，故照市价而论，现时所征税，不过值百抽二五与三耳。裁厘后，照约关税可加值百七五，共为十二五。然将来生计日高，百货有贵无贱，可以逆料。与其货物不照实价征税，而徒有值百抽十二五之虚名，不如修改为洋货一律按照市价纳税，税率改为值百抽十，宁愿减征二五，而照市价征税。盖其结果，收数总额，必且远胜于值百抽十二五之不问市价者也。出口货值百抽五，不宜加税。奖励输出，各国通例。吾国工商幼稚，正宜藉此为鼓励之计也。农产原料，亦不宜重税。我国为农产国，计在招徕各国商贩，必使有利可图，庶源源而来，

第五编　经济与社会建设

可期输入无限之金钱，增进吾国之富力。查现在国内荒土尚多未垦，而产品之出口者，为数已巨。若各地全垦，产量无限，必出口以供各国之需要，方无存积之可虑。否则，产额日多，而销数有限，价必大贱，农人失利，岂不甚巨！而影响所及，固甚不利于国家也。

十七、按照县境收产税

各县厘卡裁撤以后，商货往来，无节节盘查纳税之繁，于人民便利殊甚。然于国家，一旦少此厘金大宗入款，必筹所以抵补之法。抵补之法，不外取之民间，然必简捷。简捷之法，莫如征收产税，按照县境清查百货之产地。无论何项货物，征收产地税一次以后，领有纳税凭证，便可通行全国，无二税。倘输出外洋，则加征出口税。今查蚕茧一项，均完产税，开支省而收入多，流弊亦少。若百货均仿照办理，必能抵补裁厘之不足。查验货物，各按县境，殊漏网可绝，既省征收之繁费，隐寓奖励农工商业之至意。于国于民，俱有利焉。

十八、烟酒专卖，并注意洋酒洋烟销场税

烟、酒本为奢侈品，各国多征重税，惟吾国情形略有不同。查进口烟酒，均不征税，成本合轻，输入必多。吾国烟酒而征重税，其势必至本国烟酒销路尽为洋烟酒所劫夺。况本烟制法，不合销售，业已日形颓败，更征重税，本烟将不复见于市场矣。进口烟酒免税，载在约章，一时无从挽回。补救之法，惟有各按县境，由各税局编制代售洋烟酒之商店，查明年销若干，令

其认税若干，仿照本国烟酒税一律办理，庶几持平之道也。

十九、盐税不分南北场制，官收、商销，法定征税

现行盐税，南省百斤三元，北省二元五角，参差不等。为统一之计，税率宜南北一律。税法宜由场户造盐出场，交归官收，订明工食成本若干，酌加盈余若干，法定每斤估价若干，官收后法定每斤加税几何，发交原有引票之盐商运销，至某处，计加水脚若干，盈余若干，法定售价每斤若干。场户与运商各事其事，各有一定之利益，均所乐为也。防私之法，产盐归场地警察看守，产地既无走私，外路何由得来。枭匪自灭，用户专一，税额必大增矣。

二十、印花税

国货征产税，外货征关税，惟有各种契约、证券以及婚书、文凭之属，则贴用印花税。凡已经缴纳产税、关税以及发票、捐单，曾纳税项之证据，皆不应贴用。总以有法律效用，而并未尽纳税义务之文件，为适用印花之标准。贴用印花，法宜简明。如局员任意强人贴用，及人民有应贴印花而不贴者，概须严定罚则，查出照罚。

二十一、地税分十二级征收

征收地税办法，各省不同，即一邑之内，层级繁多，以是鲜有详知国内地税确数者。欲图澄清税源，地税一项，尤宜急谋划一。先须规定南北各省弓尺，统归二百四十号为一亩，就田之肥瘠，分十二级征税。定子为五分，丑为一角，

寅一角五分，卯二角，辰二角五分，巳三角，午三角五分，未四角，申四角五分，酉五角，戌一元，亥二元。田之分级，可视其历来完纳之数为标准。其完纳之数本为二角者，则列入卯级，为四角者则列入未级，余照此类推。例如，山田入子，平田入酉，市街田入戌，商埠田入亥之类。经此划分而后，一县之内共有田几级，各级各几何亩，无不一目了然。由县而省、而国，共有各级田各几何，通年共应收入若干，无不了然若揭。即有加减，计算亦易。若经清丈而定，则流弊且全绝矣。

二十二、牙税外不宜巧立税目

牙帖有专利之权，收入行用，理应纳税。纳帖定甲、乙、丙、丁、戊、己六级，甲五百元，乙三百元，丙二百元，丁百元，戊五十元，己十元。每年按级酌定税款，与现行纳帖仿佛。余如各县帖、省帖之类，别立名目。取人资财，款不归公，实属弊政。行此六级制后，其他名目，均应一律除尽，藉绝中饱，而清税法。

二十三、结论（上）

上述各节，以成立金本位为最要关键。然以吾国目前财政如此困难，而欲铸成二万万二千万金本位货币，读者忽而不察，或将疑为妄谈。而不知予之所计划，非欲借债以铸币也。要在作权宜之计，暂行禁止民间以金银为饰，悉出其藏置之金银饰，换取金银币，既可生利，并为世用耳。盖饰经政府之手而化为币，逐渐推行，饰渐少而币渐多，直至足额而止。是以政府不过于开始时必须实置金银币各若干，以为收换金银饰之用，余则仅行使收饰代铸之手续而已。而此金银饰与金银币收换之机关，于事实上极为重要。此项机关，当然属之银行。故于实行此计划之际，又必先有完善之银行。银行既立，金银币又逐渐发生，金融自然灵活。工商业之进行，于是乎可期。然税法不改良，逢关纳税，遇卡抽厘，农工商仍被束缚，何能锐进？故金融灵活之后，又必须税法改革，而后农工商乃能自由发展。至乎实业基础巩固之时，即国家财源发旺之日，而国亦入于富强之域。国家既已富强，财用绰有余裕，而后取消金饰禁令，华丽富庶，任人民自为之可也。譬之于家，当财力窘迫之时，顾全生计，左支右绌，务为节俭之不遑，更何有余力以置备不急之物，重以自困乎！若夫积累有年，家计渐入充裕之境，生活程度乃随之以稍高，方为合乎程序，而不悖于理财之道。一国之大，不当如是耶！

二十四、结论（下）

理财之法，犹治丝然。着手初无头绪，而一入规范，则头头是道。规范何在？在先立基础，如治丝则先须设厂设车烘焙，经种种手续，而后丝得而成也。理财之基础，在统一税法，划一币制，设立有统系之银行。基础既立，虽在外无准备汇兑，而财政之精神必振，岁入必增，借债度日，自得免焉。夫外债可以救一时之急，而不能恃以为常，夫人而知之矣。然若基础不立，势不得不借外债为弥缝之计。是国无经济也，其何以立？故窃谓：今日我国理财之道，须分治标、治本二途。借外债以救目前之急，治标之策也；统一税法，划一币制，设立有统系

第五编 经济与社会建设

之银行，治本之法也。两者须兼程并进，而须特别注意于治本之道，外债则视为过渡所需而已。今之治国者，固莫不以理财为急务，而其通病，则在乎头痛医头，脚痛医脚，不务其本，但治其标，纵可敷衍目前，而欲求财政之有何生气，不可得也。观乎俄、墨、日、德之币，行使于我国之市场，甚至英、日等国，欲于我国中行其金币法，此皆我国财政棼乱之所感召而来也。若不急起直追，以后恐将益难为理。时哉，时哉，不可失矣！

某等从事商业，于国家理财，初无所知，只以年来缘时局之变迁，备尝财政上之困苦，因而少加察焉，且因而有感焉。以为一事业之盈虚消长，尚视财政之得失为转移。一国之大，何莫不然！于焉引匹夫有责之义，辄贡其鄙陋之见如此，足资采择与否，非所计也。

（一九一六年十月锡成印刷公司刊印本）

覆教育部专门教育司长文

（一九二九年四月）

宗铨学识浅薄，见闻不广，对于纺织事业更乏专门研究，辱承下采虚声，委拟毛、棉等纺织专科学校之设计及预算事宜，感愧无任。惟就管见所及，毛纺人才固属重要，而棉纺人才尤为当务之急；更就我国今日现状、原料而论，丝纺尚较重于毛纺。故培植纺织人才，当由棉纺棉织入手，次及于丝纺丝织，再次及于毛纺毛织。兹姑舍丝纺、毛纺而论棉纺，并将其设计及预算胪陈如下。

甲、学校

（一）地点　为节省开办费及设备费起见，暂以委托就近中央大学或真茹暨南大学为宜。因两地接近棉产区域，与民间商办纺织工厂亦颇相距不远。一俟办有成效，另行委托广东中山大学或设毛纺专门学院。第二步举办国立纺织大学，俾易着手。

（二）名称　国立中央大学棉纺学院，或国立纺织专门学校。

（三）学额　暂定每年招生一级，每级以五十名为限（俟有需要再行增加学额）。

（四）投考程度　高中毕业，或旧制甲种工业学校毕业。

（五）修业年限　三年毕业，第一年以授课为主，第二年授课与实习、参观（附属纺织工厂告竣，可供实习），第三年以实习为主。

（六）院长或校长　国内纺织专门人才虽多，惟富有棉纺织及办理工厂经验者殊不多靓，现任工商部次长穆藕初先生，学识经验而臻完备，似可请其兼任之。

（七）校舍　约占地十亩，建楼房四十间，楼上分宿舍、自修、阅书等室，楼下为教室、应接室、预备、研究等室，每间以六百元计，合共银二万四千元。

（八）经常费　招足三级时，年以二万元为限（第一年一级八千元，第二年二级一万四千元）。

乙、附属工厂

工厂由公家设备完竣后，招商承办之。在公家，每年既可不出经常等费，复可有租金之收入。兹将办法列之如下：

（一）地基　共需三四十亩，以圈用公地、不出地价为主。

（二）房屋　用锯齿式或气楼式，共需单层平房三百二十方丈，每方丈以一百七十元计，共需银五万四千四百元。另加试验、保全与各种办公室及宿舍，约需银一万四千元。合共银六万八千四百元，由教育部会同工商部筹拨之。

（三）机械　先备最新式大牵伸纺纱一万锭，用政府名义向国外制造纺织机械工厂征集之（国外制成工厂，为谋推广其业务于我国起见，必能特别优待）。全部机械计国币二十八万元，分十年归还之（年还二万八千元，即以此厂每年收入之租金项下拨付之）。另加马达（合马力二百五十匹至三百匹），银五千五百元。第二年后，添置布机一百架，合银三万元。关于修理及铁木等工作，即假中央大学原有之铁木工厂应用之，不再另加设备。除上述一万锭外，另备普通纺纱机二千锭，专供实习之用，不列出租项下。

（四）处理此项工厂，除二千锭专供学生实习不计生产外，余一万锭，除实习外，复以生产为主，故以招商承办为宜。惟每年需纳租金三万元，即以二万八千元偿还机械费，二千元作为实习消耗费。政府对于商人认租之工厂，除监督、指导并供学生实习、研究外，一切营业方针，完全不加过问。每年厂中之盈亏，亦须由承租人负责。关于运输、关税方面，政府当予以便利。如是，则学生于潜心求学之外，兼知经商获利之道，非若曩日学生之明于学识之运用，而昧于经商之情形。

上述者，仅对于纺织管理科而言，故设备较为简单，除开办时须筹十万元外，每年只需学校行政费二万元，殊属轻而易举。在国家，既无须靡巨额之经费，而得栽培优良之人才。此计设备简单，或不免贻笑大方。然创办此种学校，非从简单入手，不易成立；非有实地练习，难期造就优良人才。鉴于近日之设工厂者，每万锭即需基金七十万以上，今国家除需开办费十万元外，每年只需出经常费二万元，而于出品上所纳之税款，或不止二万元，计无善于此矣。

（《无锡杂志》，第十三期"工商号"）

第五编　经济与社会建设

发起"国难自救会"

自暴日侵陵，群情汪沸，我邑救国运动，亦勃然兴起。近闻邑人士一百零三人发起"国难自救会"，发表宣言如下：

东省沦亡，于今两月，我国民政府迁延无措，坐视千万人民之陷落。近且于国际联盟中显示让步，承认东省之占领，锦州之中立。经国民积极反抗，一致之狂呼，始出否认。近则南京有北大请愿团之被拘于孝陵，上海市党部委员与公安局长复绑勒学生代表。人民何辜？救国何罪？而乃视若寇雠，狂乱至此。国民惟有起而自救，故虽如江苏耆老，或已久退林泉，或已疲聋衰疾，而不能无动于衷。懔乎时日之丧亡，亦且瞿熙怡俱奥，内忧外患、天灾人祸之交迫，未有甚于此时者也。中国所未亡于满清，未亡于军阀者，今也何为，言之痛心。若乃国民因救国而被拘被绑，则又清政府、军阀政府所不敢为者。呜呼！回思昔日，人民对于党国期望之殷，有不忍言者矣。数年于兹，内外失政，实难历数，国难之来，积之已渐。若欲拯救危亡，惟在国民自决。倘能团结一致，众志可以成城。同人等以匹夫有责之义，谨先发起"国难自救会"之组织，敬为相约者三：

（一）监督政府之外交进行，对于一切有碍国家利益之行动，共抗争之；

（二）促进民主政治之实现，对于一切有碍社会利益、危害民权之势力，共抗争之；

（三）凡非国家罪人，社会蟊贼，均请加入，共济国难。

发起人：钱孙卿、荣德生、薛明剑等

一百零三人同启

（《新无锡》，一九三一年十二月十三日）

欲纺织业之发展全在认真

（一九三一年十月至一九三二年一月）

一

人生衣食住三事，以衣为首要。堕地之初，即需着衣。而一衣之来，须经过农产、工作、商贩等，种种复杂成分，有一不周，即为缺点。吾国闭关时代之衣，素不仰给于外。近卅年来，机械替代人工，外洋挟其技巧，输入吾国，夺吾固有之人工。吾国乃不得不起而效法，购机设厂，以图抵制。其实学步邯郸，先失故步，终于落人后尘。然以世界潮流所趋，国中纱厂卒成一重要实业，有投资者，有习技者，风动一时。实则国人于此问题，根本尚未认真，所以不能与外人抗衡，漏卮日重。一若无舶来品便有冻死之虞者，漏卮之巨可知矣。

今政府注重民生，希望增产额，敷民用，抵漏卮。凡业此者，应如何仰体盛意，力事扩张，以与外货竞争。一再思维，只有先从认真入手。政府已提倡于上，股东投资设厂，亦当兴奋。尤要者在办事人之认真，以此业为毕生生活所寄。凡所执之务，加忠实思想；对上对下，一秉良心；尽力研究，如何使机器运转不损，如何使材料去除浪费，如何能使工作改进，如何能使出品精良；驾驭工人，务使和洽，不生意外。于是营业发展之基可立，扩充之计可行。

试观东邻十余年来，无日不获利，无岁不扩充。即吾国内其他营业机关，获利二三年，亦即谋推广。要之皆认真一念所致也。

二

纺织大要，可分两部：内而工务，如上篇所言；外而营运，亦当述其利弊。营业分卖买两方，卖者属厂家，买者即顾主。由商贩而到顾主，由运输而到商贩，经过几次手续，中间有运费之增减，税法之繁简，时日之快慢，利息之轻重，随在均与本业有利害消长之关系。若不处处认真，仍无由发展。

近年顾主喜用外货，贩者常以来路货投机渔利，致国货销售不易。即使产额增加，出品精良，而过问者少，亦徒为锱楼之藏，满堆栈内而已。久之，反生亏耗。以前失败，类由于此。此人民爱国心薄弱故也。运输一道，全在爽快。或顾主认定国货，而因轮船、火车误时失机，则将舍国货而办他国输送便利之货，国货自然滞销。此时势为之也。至于税法，原采保护国货之义，而我则未能作此比例。是又国际地位限之也。

倘因以上三因而失败，则非工厂本身之咎，以其虽有合法之工作与管理，仍归无效。是知一业之兴衰，其关系非一端也。年来政局如此，社会如此，实业落后，自在意中。生齿日繁，生活日高，不从生产力入手，民生问题，何由解决？必待热心志士，屏除私见，认真负责，办此人生必需之品，勇往直前，作世界之竞争，纺织前途，庶有豸乎！

三

谐云："创业维艰，守成不易。"又曰："善始者实繁，克终者盖寡。"果能维持于久远，以保滋大，必先备有二种要件，为纺织业所不可或缺者，即人才与原料是也。今特分述于下：

（一）人才　今高级职员，如工程师等均可借材异地，聘之毕业于外洋者。即如中级职员，亦类由中等工业学校毕业，已获初步之门径，无虑缺乏。今之最感困难者，厥为平日需用最广最要之工人。若辈既未经专门之训练，斯无相当之学识。今所用者，仅凭其聪、敏、勤、慎，由其头目传习而得，陈陈相因之动作，以之应用于各部。如是而欲其能改良进展，不犹缘木求鱼也哉！故必为此辈大部工人，谋技术能力之增高，方克有济。本厂机工养成所之组织，亦即以此也。

（二）原料　原料所用之棉花，则以现社会需用细纱，藉以织成布、袜等成品，故细纱之销路日广。往日所纺之十支、十二支、二十支，今则递增而用三十二支、四十二支、六十支、八十支。似此情形，则吾国纱厂，将日见落后。今各厂纷纷添机仿制，力求改良，已有一部分细纱，可以抵制洋货。然其原料，多属外花，绝非持久之道。中央农场及各省农校等，虽亦试植细棉，渐见成效，然因种子无多，尚未能广为流布。其原料既需采用外花，则金钱之流出仍多，亦为今日急需注意者。

凡我厂商既感此两大困难，不克一手办到。故惟有望于社会之办理教育者，扩充教育，使工人尽有识字之机会，并能授以工厂常识，以增高其技术；办理农业者，扩充细棉之种植，用以挽回利权。使衣之一项，日进于隆盛，谅为经济界所馨香祷祝者也。

四

人才已备，原料无忧，纺织业可谓完善乎？未也。查每日应用零星物料，每万锭每月约需代价四千元。每年全国二百二十万锭，即需一千万元，大都流入于国外。此犹就金钱言之也。倘一旦事变突起，或因抵制，或因战争，外货来源断绝，全国纺织业不将陷于停顿状态乎！此绝非故作危词也。故欲求此业万全之策，必筹备自制物料。如滑机之油，拖机之皮带，种种应用之品，均须设厂自制，应有尽有，实业大放光明。如此方称完善，社会生计，亦现活泼气象矣。

然此事责任，应由何人做起，目下正自难言。惟有望吾同业同人，对正业之外，一事一物，各就所知所见，尽力研究，成一物即可代替一外货，令各厂试用之。千炬一灯，风声所树，则人人效之。总以国产为主体，不再存来路货之想，一洗从前专恃外货之心理。此事虽小，可以喻大。既免厂家意外之虞，又为国家挽回利权，其为益岂浅鲜哉！吾同志慎勿漠视焉可。

（《人钟月刊》，第二、三、四、五期）

赵买美棉麦之我见

（一九三三年七月七日）

　　年来我国各省对于棉麦两项之种植，不能改良加播，以致生产低落，供不应求。然纱锭、粉磨，年有增加，而原料反虞缺乏，质量日趋下游。且近来物质文明随各国进化，纱支之需要亦随之而改细，故原料不合纺细纱之用，不得不仰求美棉之输入，漏卮甚巨。兹将我国各厂原棉消费成数之统计略计如下：

　　本国棉约五成；

　　美棉三四成；

　　印棉一成余。

　　我国原棉消费量，每年约需一千万担左右。以消用美棉三四成计算，全年需三四百万担，故购买美棉实寻常事。普通购美棉均由各厂自办，其数约有数千包至数万包，惟须假手洋行，且以现款交易，通年漏卮可观海关册。此次政府向美借款五千万，以五分之四购棉，五分之一购麦，实为创举。其利益即将付款时期延长，暂时减少现金漏卮。然款值将来仍须按期付还，不能移作他用，以失信用。此事对于私人关系利益少，而对于社会经济利益大。近年日本政府对于商人救济，时时设法，故有今日之兴盛。人口仅我六分之一，锭数多我三倍。以前英国锭数之增添，完全国家扶助而起，美国亦然。盖棉业兴盛之国家，大都如此。此次政府顾念商民，借款购棉麦以供应用，实可为纱粉业前途乐观，不必以目前苦况为忧，将来自有好结果也。至于将来借棉分配之法，是由当局筹划，或按锭分配，或按用数分配，惟按锭分配较按用数分配为公正耳。

洋麦进口每年何止美金千万之数，历年总数查海关册即可明了。此次借麦作用，不过化零买为趸买，将现款改欠款而已。其付款则一，与商家购买无何特殊分别也。

借款购商品，在各国视为极平淡之事，且时有所闻。我国初次经历，群为怀疑，实则亦为普通之事，以平时贸易观之可耳。至于借棉麦之输入，对于农村并无大影响。以美棉麦逐年消耗数量观之，即可知其为在本国棉麦未改良加播以前之必需品，其与本国棉麦以质量关系，无直接冲突。故政府此举尚属有利无弊，直接可利社会，利社会即可利民利国，将来收效必美满也。

（《纺织周刊》，第三卷第二十八期）

谈建设大无锡

　　无锡地居京沪，水陆交通，四通八达，其地理条件之优越，冠于沿京沪线各县。无锡如能繁荣，京沪沿线亦必继之繁荣。京沪沿线为江苏之奥区，江苏又为中国繁庶之省，故无锡繁荣之影响，直接间接将远及全国。就无锡之地形言，东邻苏州，西毗常州，逐步发展之结果，苏锡常可能打成一片。故就建设大无锡之远景言之，极度发展之大无锡，将为雄踞京沪线、并合苏常、人口数百万之大都市，但此自非可语之于今日。

　　如就今日言之，无锡市区缺乏有规模之大动脉。故首宜从江阴巷经后祁里，直达惠商桥，辟为干路。路面至少连人行道为十公尺；路之两旁，小河应予填没。俾有大规模之商号行庄，逐渐在此区集中。现北门内外大街，已改名中山路。此新辟之干路，似可命名为中正路。此路衔接中山路，直达南门外之清名桥，逐步繁荣，自可成为新无锡完整之大动脉。此外，小三里桥经大田岸、顾桥下、小泗房弄，应辟较宽之路，与锡澄公路沟通，大河池则应予填塞。又自三里桥起，过黄埠墩至吴桥一带，整理道路，建设门面，适于作粮行之行基。双河尖及皋桥一带，则整理后适于开设工厂，宜辟为工厂区。社桥头及西门外棉花巷一带，均宜辟为新住宅区；其尤适于作住宅区者，则为锡山之南、公路之旁。今日之无锡，特别缺乏者，为舒适之旅馆，适当之商行门面、行基及厂址。无锡苟如上述各点加以整理建设，后二者之缺乏，即告解决。至于舒适之旅馆，初观似不重要，而实际则招徕外来客商，旅馆关系颇为重要，故于建设时亦应注意及之。

余于民国初元，赴北平参加实业会议时，即感觉无锡有扩大发展之象征。当时曾著有《无锡之将来》一书，阅者咸认为书中所述为理想，讵未及十年，书中所言不特均见诸事实，且更多超过。故今之所言，虽似理想，实为趋势所必然。民国初年，无锡之建设大都为市公所所主持；今后之建设，亦宜由地方共同戮力，逐步求其实现。若纯由官厅主持，采取断然之措置，转足发生阻力，妨碍进展。目前地方患贫，前晤范县长，议及政费支绌、百事停顿之窘状，实则公家理财之法，与私人迥殊。私人或贵保有田产，公家殊不需拥有多量之田地房屋。盖拥有多量之公产，出租采息，既为数无几，何如出售，变为现金，以资运用之为有利乎！

（无锡《人报》，一九四六年六月十四日）

在江南大学开校典礼上致词

一九四七年十月二十七日上午十时半，江南大学在荣巷举行开校典礼，由副董事长荣宗铨（德生）主持，并首先致词，大意是：

江南大学开校典礼，承蒙教部派代表和各机关长官光临，不胜庆幸，深感致谢。本校筹创始于民国二十五、六年，吴、钮二先生有意在本邑湖边兴学。直到去年，旧事重提，本人因为事业忙碌，迟未进行。今春被再三催促，始仓促筹备。江南大学新建校舍在梅园之南、锦园之北，西管社后湾山。到明春梅花开时，校舍可全部落成，还请诸位光临指教。至于江南大学校舍筹款，在今春开始，但因物价飞涨，不敷甚巨，至今尚在募集中。本校校舍择地适宜，冬有梅香风送，夏有荷塘清凉，风景幽美，湖山在目，藉以追纵浙省之江大学得自然胜景之美，使求学者得学识增进。今后尚祈地方贤达多多指示，俾使江南大学得与湖山共久长。

（《江苏民报》，一九四七年十月二十八日）

　　实业巨子邑人荣德生创办之私立江南大学，昨日于荣巷临时校址举行开学典礼。该校为本邑最高学府。上午十时半，开学典礼在鞭炮、校钟交响声中隆重揭幕。主席荣德生即席致词，简略报告创办该校之动机及今后之抱负，略谓：

　　远在民国五六年间，与吴稚老游览太湖时，稚老即认为湖滨兴学最为理想。嗣因环境关系，未克实现。直至去岁冬，由稚老及戴先生、章校长等一再督促，乃决定在梅园附近后湾山建立校基，创办江南大学。兹得同业之助，明春梅花开时，新校址即可落成。该处春梅夏荷，环境幽美。同学们生活于湖光山色之间，对于学业之增进大有裨益。将来校方逐渐改进，当不让之江等诸校专美在前云。

（《锡报》，一九四七年十月二十八日）

第五编　经济与社会建设